# PREFACIO

La colección de guías de conversación para viajar "Todo irá bien" publicada por T&P Books está diseñada para personas que viajan al extranjero para turismo y negocios. Las guías contienen lo más importante - los elementos esenciales para una comunicación básica.Éste es un conjunto de frases imprescindibles para "sobrevivir" mientras está en el extranjero.

Esta guía de conversación le ayudará en la mayoría de los casos donde usted necesite pedir algo, conseguir direcciones, saber cuánto cuesta algo, etc. Puede también resolver situaciones difíciles de la comunicación donde los gestos no pueden ayudar.

Este libro contiene una gran cantidad de frases que han sido agrupadas según los temas más relevantes. Esta edición también incluye un pequeño vocabulario que contiene alrededor de 3.000 de las palabras más frecuentemente usadas.Otra sección de la guía proporciona un glosario gastronómico que le puede ayudar a pedir los alimentos en un restaurante o a comprar comestibles en la tienda.

Llévese la guía de conversación "Todo irá bien" en el camino y tendrá una insustituible compañera de viaje que le ayudará a salir de cualquier situación y le enseñará a no temer hablar con extranjeros.

# TABLA DE CONTENIDOS

T&P Books Publishing

Colección de guías de conversación
"¡Todo irá bien!"

T&P Books Publishing

# GUÍA DE CONVERSACIÓN

## SERBIO

Andrey Taranov

# LAS PALABRAS Y LAS FRASES MÁS ÚTILES

Esta Guía de Conversación
contiene las frases y las
preguntas más comunes
necesitadas para una
comunicación básica
con extranjeros

T&P BOOKS

Guía de conversación + diccionario de 3000 palabras

# Guía de conversación Español-Serbio y vocabulario temático de 3000 palabras

por Andrey Taranov

La colección de guías de conversación para viajar "Todo irá bien" publicada por T&P Books está diseñada para personas que viajan al extranjero para turismo y negocios. Las guías contienen lo más importante - los elementos esenciales para una comunicación básica. Éste es un conjunto de frases imprescindibles para "sobrevivir" mientras está en el extranjero.

Este libro también incluye un pequeño vocabulario temático que contiene alrededor de 3.000 de las palabras más frecuentemente usadas. Otra sección de la guía proporciona un glosario gastronómico que le puede ayudar a pedir los alimentos en un restaurante o a comprar comestibles en la tienda.

T&P Books Publishing
www.tpbooks.com

ISBN: 978-1-78716-307-2

Este libro está disponible en formato electrónico o de E-Book también.
Visite www.tpbooks.com o las librerías electrónicas más destacadas en la Red.

# PRONUNCIACIÓN

| La letra | Ejemplo serbio | T&P alfabeto fonético | Ejemplo español |
|---|---|---|---|

## Las vocales

| La letra | Ejemplo serbio | T&P alfabeto fonético | Ejemplo español |
|---|---|---|---|
| A a | авлија | [a] | radio |
| E e | ексер | [e] | verano |
| И и | излаз | [i] | ilegal |
| O o | очи | [o] | bordado |
| У у | ученик | [u] | mundo |

## Las consonantes

| La letra | Ejemplo serbio | T&P alfabeto fonético | Ejemplo español |
|---|---|---|---|
| Б б | брег | [b] | en barco |
| В в | вода | [ʋ] | cerveza |
| Г г | глава | [g] | jugada |
| Д д | дим | [d] | desierto |
| Ђ ђ | ђак | [ʤ] | tadzhik |
| Ж ж | жица | [ʒ] | adyacente |
| З з | зец | [z] | desde |
| Ј ј | мој | [j] | asiento |
| К к | киша | [k] | charco |
| Л л | лептир | [l] | lira |
| Љ љ | љиљан | [ʎ] | lágrima |
| М м | мајка | [m] | nombre |
| Н н | нос | [n] | número |
| Њ њ | књига | [ɲ] | leña |
| П п | праг | [p] | precio |
| Р р | рука | [r] | era, alfombra |
| С с | слово | [s] | salva |
| Т т | тело | [t] | torre |
| Ћ ћ | ћуран | [ʨ] | archivo |
| Ф ф | фењер | [f] | golf |
| Х х | хлеб | [h] | registro |
| Ц ц | цео | [ʦ] | tsunami |
| Ч ч | чизме | [ʧ] | mapache |

| La letra | Ejemplo serbio | T&P alfabeto fonético | Ejemplo español |
|----------|----------------|------------------------|------------------|
| Џ џ | џбун | [ʤ] | jazz |
| Ш ш | шах | [ʃ] | shopping |

# LISTA DE ABREVIATURAS

## Abreviatura en español

| | | |
|---|---|---|
| adj | - | adjetivo |
| adv | - | adverbio |
| anim. | - | animado |
| conj | - | conjunción |
| etc. | - | etcétera |
| f | - | sustantivo femenino |
| f pl | - | femenino plural |
| fam. | - | uso familiar |
| fem. | - | femenino |
| form. | - | uso formal |
| inanim. | - | inanimado |
| innum. | - | innumerable |
| m | - | sustantivo masculino |
| m pl | - | masculino plural |
| m, f | - | masculino, femenino |
| masc. | - | masculino |
| mat | - | matemáticas |
| mil. | - | militar |
| num. | - | numerable |
| p.ej. | - | por ejemplo |
| pl | - | plural |
| pron | - | pronombre |
| sg | - | singular |
| v aux | - | verbo auxiliar |
| vi | - | verbo intransitivo |
| vi, vt | - | verbo intransitivo, verbo transitivo |
| vr | - | verbo reflexivo |
| vt | - | verbo transitivo |

## Abreviatura en serbio

| | | |
|---|---|---|
| ж | - | sustantivo femenino |
| ж мн | - | femenino plural |
| м | - | sustantivo masculino |
| м мн | - | masculino plural |
| м, ж | - | masculino, femenino |

| мн | - | plural |
| нг | - | verbo intransitivo |
| нг, пг | - | verbo intransitivo, verbo transitivo |
| пг | - | verbo transitivo |
| с | - | neutro |
| с мн | - | género neutro plural |

# GUÍA DE CONVERSACIÓN SERBIO

Esta sección contiene frases importantes que pueden resultar útiles en varias situaciones de la vida real. La Guía le ayudará a pedir direcciones, aclaración sobre precio, comprar billetes, y pedir alimentos en un restaurante

**T&P Books Publishing**

# CONTENIDO DE LA GUÍA
# DE CONVERSACIÓN

**T&P Books Publishing**

## Lo más imprescindible

| | |
|---|---|
| Perdone, … | **Извините, …**<br>Izvinite, … |
| Hola. | **Добар дан.**<br>Dobar dan |
| Gracias. | **Хвала вам.**<br>Hvala vam |
| Sí. | **Да.**<br>Da |
| No. | **Не.**<br>Ne |
| No lo sé. | **Не знам.**<br>Ne znam |
| ¿Dónde? \| ¿A dónde? \| ¿Cuándo? | **Где? \| Куда? \| Када?**<br>Gde? \| Kuda? \| Kada? |
| Necesito … | **Треба ми …**<br>Treba mi … |
| Quiero … | **Хоћу …**<br>Hoću … |
| ¿Tiene …? | **Имате ли …?**<br>Imate li …? |
| ¿Hay … por aquí? | **Да ли овде постоји …?**<br>Da li ovde postoji …? |
| ¿Puedo …? | **Смем ли …?**<br>Smem li …? |
| …, por favor? (petición educada) | **молим**<br>molim |
| Busco … | **Тражим …**<br>Tražim … |
| el servicio | **тоалет**<br>toalet |
| un cajero automático | **банкомат**<br>bankomat |
| una farmacia | **апотеку**<br>apoteku |
| el hospital | **болницу**<br>bolnicu |
| la comisaría | **полицијску станицу**<br>policijsku stanicu |
| el metro | **метро**<br>metro |

| | |
|---|---|
| un taxi | **такси**<br>taksi |
| la estación de tren | **железничку станицу**<br>železničku stanicu |

| | |
|---|---|
| Me llamo … | **Ја се зовем …**<br>Ja se zovem … |
| ¿Cómo se llama? | **Како се ви зовете?**<br>Kako se vi zovete? |
| ¿Puede ayudarme, por favor? | **Да ли бисте, молим вас,**<br>**могли да ми помогнете?**<br>Da li biste, molim vas,<br>mogli da mi pomognete? |
| Tengo un problema. | **Имам проблем.**<br>Imam problem |
| Me encuentro mal. | **Не осећам се добро.**<br>Ne osećam se dobro |
| ¡Llame a una ambulancia! | **Позовите хитну помоћ!**<br>Pozovite hitnu pomoć! |
| ¿Puedo llamar, por favor? | **Смем ли да телефонирам?**<br>Smem li da telefoniram? |

| | |
|---|---|
| Lo siento. | **Извините …**<br>Izvinite … |
| De nada. | **Нема на чему.**<br>Nema na čemu |

| | |
|---|---|
| Yo | **ја, мене**<br>ja, mene |
| tú | **ти**<br>ti |
| él | **он**<br>on |
| ella | **она**<br>ona |
| ellos | **они**<br>oni |
| ellas | **оне**<br>one |
| nosotros /nosotras/ | **ми**<br>mi |
| ustedes, vosotros | **ви**<br>vi |
| usted | **ви**<br>vi |

| | |
|---|---|
| ENTRADA | **УЛАЗ**<br>ULAZ |
| SALIDA | **ИЗЛАЗ**<br>IZLAZ |
| FUERA DE SERVICIO | **НЕ РАДИ**<br>NE RADI |

| | |
|---|---|
| CERRADO | **ЗАТВОРЕНО**<br>ZATVORENO |
| ABIERTO | **ОТВОРЕНО**<br>OTVORENO |
| PARA SEÑORAS | **ЗА ЖЕНЕ**<br>ZA ŽENE |
| PARA CABALLEROS | **ЗА МУШКАРЦЕ**<br>ZA MUŠKARCE |

# Preguntas

| | |
|---|---|
| ¿Dónde? | **Где?** <br> Gde? |
| ¿A dónde? | **Куда?** <br> Kuda? |
| ¿De dónde? | **Одакле?** <br> Odakle? |
| ¿Por qué? | **Зашто?** <br> Zašto? |
| ¿Con que razón? | **Из ког разлога?** <br> Iz kog razloga? |
| ¿Cuándo? | **Када?** <br> Kada? |

| | |
|---|---|
| ¿Cuánto tiempo? | **Колико дуго?** <br> Koliko dugo? |
| ¿A qué hora? | **У колико сати?** <br> U koliko sati? |
| ¿Cuánto? | **Колико?** <br> Koliko? |
| ¿Tiene …? | **Имате ли …?** <br> Imate li …? |
| ¿Dónde está …? | **Где се налази …?** <br> Gde se nalazi …? |

| | |
|---|---|
| ¿Qué hora es? | **Колико је сати?** <br> Koliko je sati? |
| ¿Puedo llamar, por favor? | **Смем ли да телефонирам?** <br> Smem li da telefoniram? |
| ¿Quién es? | **Ко је тамо?** <br> Ko je tamo? |
| ¿Se puede fumar aquí? | **Да ли се овде пуши?** <br> Da li se ovde puši? |
| ¿Puedo …? | **Смем ли …?** <br> Smem li …? |

# Necesidades

| | |
|---|---|
| Quisiera … | **Волео /Волела/ бих …**<br>Voleo /Volela/ bih … |
| No quiero … | **Не желим …**<br>Ne želim … |
| Tengo sed. | **Жедан /Жедна/ сам.**<br>Žedan /Žedna/ sam |
| Tengo sueño. | **Хоћу да спавам.**<br>Hoću da spavam |

| | |
|---|---|
| Quiero … | **Хоћу …**<br>Hoću … |
| lavarme | **да се освежим**<br>da se osvežim |
| cepillarme los dientes | **да оперем зубе**<br>da operem zube |
| descansar un momento | **да се мало одморим**<br>da se malo odmorim |
| cambiarme de ropa | **да се пресвучем**<br>da se presvučem |

| | |
|---|---|
| volver al hotel | **да се вратим у хотел**<br>da se vratim u hotel |
| comprar … | **да купим …**<br>da kupim … |
| ir a … | **да идем до …**<br>da idem do … |
| visitar … | **да посетим …**<br>da posetim … |
| quedar con … | **да се нађем са …**<br>da se nađem sa … |
| hacer una llamada | **да телефонирам**<br>da telefoniram |

| | |
|---|---|
| Estoy cansado /cansada/. | **Уморан /Уморна/ сам.**<br>Umoran /Umorna/ sam |
| Estamos cansados /cansadas/. | **Ми смо уморни.**<br>Mi smo umorni |
| Tengo frío. | **Хладно ми је.**<br>Hladno mi je |
| Tengo calor. | **Вруће ми је.**<br>Vruće mi je |
| Estoy bien. | **Добро сам.**<br>Dobro sam |

Tengo que hacer una llamada.

**Треба да телефонирам.**
Treba da telefoniram

Necesito ir al servicio.

**Морам до тоалета.**
Moram do toaleta

Me tengo que ir.

**Морам да идем.**
Moram da idem

Me tengo que ir ahora.

**Морам одмах да идем.**
Moram odmah da idem

## Preguntar por direcciones

| | |
|---|---|
| Perdone, … | **Извините …**<br>Izvinite … |
| ¿Dónde está …? | **Где се налази …?**<br>Gde se nalazi …? |
| ¿Por dónde está …? | **Куда до …?**<br>Kuda do …? |
| ¿Puede ayudarme, por favor? | **Можете ли ми, молим вас, помоћи?**<br>Možete li mi, molim vas, pomoći? |

| | |
|---|---|
| Busco … | **Тражим …**<br>Tražim … |
| Busco la salida. | **Тражим излаз.**<br>Tražim izlaz |
| Voy a … | **Идем до …**<br>Idem do … |
| ¿Voy bien por aquí para …? | **Јесам ли на правом путу до …?**<br>Jesam li na pravom putu do …? |

| | |
|---|---|
| ¿Está lejos? | **Да ли је далеко?**<br>Da li je daleko? |
| ¿Puedo llegar a pie? | **Могу ли до тамо пешке?**<br>Mogu li do tamo peške? |
| ¿Puede mostrarme en el mapa? | **Можете ли да ми покажете на мапи?**<br>Možete li da mi pokažete na mapi? |
| Por favor muestreme dónde estamos. | **Покажите ми где смо ми сада.**<br>Pokažite mi gde smo mi sada |

| | |
|---|---|
| Aquí | **Овде**<br>Ovde |
| Allí | **Тамо**<br>Tamo |
| Por aquí | **Овим путем**<br>Ovim putem |

| | |
|---|---|
| Gire a la derecha. | **Скрените десно.**<br>Skrenite desno |
| Gire a la izquierda. | **Скрените лево.**<br>Skrenite levo |
| la primera (segunda, tercera) calle | **прво (друго, треће) скретање**<br>prvo (drugo, treće) skretanje |
| a la derecha | **десно**<br>desno |

a la izquierda

**лево**
levo

Siga recto.

**Идите само право.**
Idite samo pravo

# Carteles

| | |
|---|---|
| ¡BIENVENIDO! | **ДОБРОДОШЛИ!** |
| | DOBRODOŠLI! |
| ENTRADA | **УЛАЗ** |
| | ULAZ |
| SALIDA | **ИЗЛАЗ** |
| | IZLAZ |
| | |
| EMPUJAR | **ГУРАЈ** |
| | GURAJ |
| TIRAR | **ВУЦИ** |
| | VUCI |
| ABIERTO | **ОТВОРЕНО** |
| | OTVORENO |
| CERRADO | **ЗАТВОРЕНО** |
| | ZATVORENO |
| | |
| PARA SEÑORAS | **ЗА ЖЕНЕ** |
| | ZA ŽENE |
| PARA CABALLEROS | **ЗА МУШКАРЦЕ** |
| | ZA MUŠKARCE |
| CABALLEROS | **МУШКАРЦИ** |
| | MUŠKARCI |
| SEÑORAS | **ЖЕНЕ** |
| | ŽENE |
| | |
| REBAJAS | **ПРОДАЈА** |
| | PRODAJA |
| VENTA | **РАСПРОДАЈА** |
| | RASPRODAJA |
| GRATIS | **БЕСПЛАТНО** |
| | BESPLATNO |
| ¡NUEVO! | **НОВО!** |
| | NOVO! |
| ATENCIÓN | **ПАЖЊА!** |
| | PAŽNJA! |
| | |
| COMPLETO | **НЕМА СЛОБОДНИХ МЕСТА** |
| | NEMA SLOBODNIH MESTA |
| RESERVADO | **РЕЗЕРВИСАНО** |
| | REZERVISANO |
| ADMINISTRACIÓN | **АДМИНИСТРАЦИЈА** |
| | ADMINISTRACIJA |
| SÓLO PERSONAL AUTORIZADO | **САМО ЗА ЗАПОСЛЕНЕ** |
| | SAMO ZA ZAPOSLENE |

| CUIDADO CON EL PERRO | **ПАС УЈЕДА!** |
| | PAS UJEDA! |
| NO FUMAR | **ЗАБРАЊЕНО ПУШЕЊЕ!** |
| | ZABRANJENO PUŠENJE! |
| NO TOCAR | **НЕ ПИПАЈ!** |
| | NE PIPAJ! |

| PELIGROSO | **ОПАСНО** |
| | OPASNO |
| PELIGRO | **ОПАСНОСТ** |
| | OPASNOST |
| ALTA TENSIÓN | **ВИСОК НАПОН** |
| | VISOK NAPON |
| PROHIBIDO BAÑARSE | **ЗАБРАЊЕНО ПЛИВАЊЕ!** |
| | ZABRANJENO PLIVANJE! |

| FUERA DE SERVICIO | **НЕ РАДИ** |
| | NE RADI |
| INFLAMABLE | **ЗАПАЉИВО** |
| | ZAPALJIVO |
| PROHIBIDO | **ЗАБРАЊЕНО** |
| | ZABRANJENO |
| PROHIBIDO EL PASO | **ЗАБРАЊЕН ПРОЛАЗ!** |
| | ZABRANJEN PROLAZ! |
| RECIÉN PINTADO | **СВЕЖЕ ОКРЕЧЕНО** |
| | SVEŽE OKREČENO |

| CERRADO POR RENOVACIÓN | **ЗАТВОРЕНО ЗБОГ РЕНОВИРАЊА** |
| | ZATVORENO ZBOG RENOVIRANJA |
| EN OBRAS | **РАДОВИ НА ПУТУ** |
| | RADOVI NA PUTU |
| DESVÍO | **ОБИЛАЗАК** |
| | OBILAZAK |

## Transporte. Frases generales

| | |
|---|---|
| el avión | **авион**<br>avion |
| el tren | **воз**<br>voz |
| el bus | **аутобус**<br>autobus |
| el ferry | **трајект**<br>trajekt |
| el taxi | **такси**<br>taksi |
| el coche | **ауто**<br>auto |
| el horario | **ред вожње**<br>red vožnje |
| ¿Dónde puedo ver el horario? | **Где могу да видим ред вожње?**<br>Gde mogu da vidim red vožnje? |
| días laborables | **радни дани**<br>radni dani |
| fines de semana | **викенди**<br>vikendi |
| días festivos | **празници**<br>praznici |
| SALIDA | **ОДЛАЗАК**<br>ODLAZAK |
| LLEGADA | **ДОЛАЗАК**<br>DOLAZAK |
| RETRASADO | **КАСНИ**<br>KASNI |
| CANCELADO | **ОТКАЗАН**<br>OTKAZAN |
| siguiente (tren, etc.) | **следећи**<br>sledeći |
| primero | **први**<br>prvi |
| último | **последњи**<br>poslednji |
| ¿Cuándo pasa el siguiente ...? | **Када је следећи ...?**<br>Kada je sledeći ...? |
| ¿Cuándo pasa el primer ...? | **Када је први ...?**<br>Kada je prvi ...? |

¿Cuándo pasa el último …?

**Када је последњи …?**
Kada je poslednji …?

el trasbordo (cambio de trenes, etc.)

**преседање**
presedanje

hacer un trasbordo

**имати преседање**
imati presedanje

¿Tengo que hacer un trasbordo?

**Треба ли да преседам?**
Treba li da presedam?

## Comprar billetes

| | |
|---|---|
| ¿Dónde puedo comprar un billete? | **Где могу да купим карте?**<br>Gde mogu da kupim karte? |
| el billete | **карта**<br>karta |
| comprar un billete | **купити карту**<br>kupiti kartu |
| precio del billete | **цена карте**<br>cena karte |
| ¿Para dónde? | **Куда?**<br>Kuda? |
| ¿A qué estación? | **До које станице?**<br>Do koje stanice? |
| Necesito … | **Треба ми …**<br>Treba mi … |
| un billete | **једна карта**<br>jedna karta |
| dos billetes | **две карте**<br>dve karte |
| tres billetes | **три карте**<br>tri karte |
| sólo ida | **у једном правцу**<br>u jednom pravcu |
| ida y vuelta | **повратна**<br>povratna |
| en primera (primera clase) | **прва класа**<br>prva klasa |
| en segunda (segunda clase) | **друга класа**<br>druga klasa |
| hoy | **данас**<br>danas |
| mañana | **сутра**<br>sutra |
| pasado mañana | **прекосутра**<br>prekosutra |
| por la mañana | **ујутру**<br>ujutru |
| por la tarde | **после подне**<br>posle podne |
| por la noche | **увече**<br>uveče |

asiento de pasillo

**седиште до пролаза**
sedište do prolaza

asiento de ventanilla

**седиште поред прозора**
sedište pored prozora

¿Cuánto cuesta?

**Колико?**
Koliko?

¿Puedo pagar con tarjeta?

**Могу ли да платим
кредитном картицом?**
Mogu li da platim
kreditnom karticom?

## Autobús

| | |
|---|---|
| el autobús | **Аутобус**<br>Autobus |
| el autobús interurbano | **међуградски аутобус**<br>međugradski autobus |
| la parada de autobús | **аутобуска станица**<br>autobuska stanica |
| ¿Dónde está la parada de autobuses más cercana? | **Где је најближа аутобуска станица?**<br>Gde je najbliža autobuska stanica? |
| número | **број**<br>broj |
| ¿Qué autobús tengo que tomar para …? | **Којим аутобусом стижем до …?**<br>Kojim autobusom stižem do …? |
| ¿Este autobús va a …? | **Да ли овај аутобус иде до …?**<br>Da li ovaj autobus ide do …? |
| ¿Cada cuanto pasa el autobús? | **Колико често иду аутобуси?**<br>Koliko često idu autobusi? |
| cada 15 minutos | **сваких 15 минута**<br>svakih 15 minuta |
| cada media hora | **сваких пола сата**<br>svakih pola sata |
| cada hora | **сваки сат**<br>svaki sat |
| varias veces al día | **неколико пута дневно**<br>nekoliko puta dnevno |
| … veces al día | **… пута дневно**<br>… puta dnevno |
| el horario | **ред вожње**<br>red vožnje |
| ¿Dónde puedo ver el horario? | **Где могу да видим ред вожње?**<br>Gde mogu da vidim red vožnje? |
| ¿Cuándo pasa el siguiente autobús? | **Када је следећи аутобус?**<br>Kada je sledeći autobus? |
| ¿Cuándo pasa el primer autobús? | **Када је први аутобус?**<br>Kada je prvi autobus? |
| ¿Cuándo pasa el último autobús? | **Када је последњи аутобус?**<br>Kada je poslednji autobus? |
| la parada | **станица**<br>stanica |
| la siguiente parada | **следећа станица**<br>sledeća stanica |

la última parada

**последња станица**
poslednja stanica

Pare aquí, por favor.

**Станите овде, молим вас.**
Stanite ovde, molim vas

Perdone, esta es mi parada.

**Извините, ово је моја станица.**
Izvinite, ovo je moja stanica

# Tren

| | |
|---|---|
| el tren | **воз**<br>voz |
| el tren de cercanías | **приградски воз**<br>prigradski voz |
| el tren de larga distancia | **међуградски воз**<br>međugradski voz |
| la estación de tren | **железничка станица**<br>železnička stanica |
| Perdone, ¿dónde está<br>la salida al anden? | **Извините, где је излаз до перона?**<br>Izvinite, gde je izlaz do perona? |

| | |
|---|---|
| ¿Este tren va a …? | **Да ли овај воз иде до …?**<br>Da li ovaj voz ide do …? |
| el siguiente tren | **следећи воз**<br>sledeći voz |
| ¿Cuándo pasa el siguiente tren? | **Када полази следећи воз?**<br>Kada polazi sledeći voz? |
| ¿Dónde puedo ver el horario? | **Где могу да видим ред вожње?**<br>Gde mogu da vidim red vožnje? |
| ¿De qué andén? | **Са ког перона?**<br>Sa kog perona? |
| ¿Cuándo llega el tren a …? | **Када воз стиже у …?**<br>Kada voz stiže u …? |

| | |
|---|---|
| Ayudeme, por favor. | **Молим вас, помозите ми.**<br>Molim vas, pomozite mi |
| Busco mi asiento. | **Тражим своје место.**<br>Tražim svoje mesto |
| Buscamos nuestros asientos. | **Ми тражимо своја места.**<br>Mi tražimo svoja mesta |
| Mi asiento está ocupado. | **Моје место је заузето.**<br>Moje mesto je zauzeto |
| Nuestros asientos están ocupados. | **Наша места су заузета.**<br>Naša mesta su zauzeta |

| | |
|---|---|
| Perdone, pero ese es mi asiento. | **Извините, али ово је моје место.**<br>Izvinite, ali ovo je moje mesto |
| ¿Está libre? | **Да ли је ово место заузето?**<br>Da li je ovo mesto zauzeto? |
| ¿Puedo sentarme aquí? | **Могу ли овде да седнем?**<br>Mogu li ovde da sednem? |

## En el tren. Diálogo (Sin billete)

| | |
|---|---|
| Su billete, por favor. | **Карту, молим вас.** <br> Kartu, molim vas |
| No tengo billete. | **Немам карту.** <br> Nemam kartu |
| He perdido mi billete. | **Изгубио сам карту.** <br> Izgubio sam kartu |
| He olvidado mi billete en casa. | **Заборавио сам карту код куће.** <br> Zaboravio sam kartu kod kuće |
| | |
| Le puedo vender un billete. | **Од мене можете купити карту.** <br> Od mene možete kupiti kartu |
| También deberá pagar una multa. | **Такође ћете морати да платите казну.** <br> Takođe ćete morati da platite kaznu |
| | |
| Vale. | **У реду.** <br> U redu |
| ¿A dónde va usted? | **Где идете?** <br> Gde idete? |
| Voy a … | **Идем до …** <br> Idem do … |
| | |
| ¿Cuánto es? No lo entiendo. | **Колико? Не разумем.** <br> Koliko? Ne razumem |
| Escríbalo, por favor. | **Напишите, молим вас.** <br> Napišite, molim vas |
| Vale. ¿Puedo pagar con tarjeta? | **У реду. Да ли могу да платим кредитном картицом?** <br> U redu. Da li mogu da platim kreditnom karticom? |
| | |
| Sí, puede. | **Да, можете.** <br> Da, možete |
| | |
| Aquí está su recibo. | **Изволите рачун.** <br> Izvolite račun |
| Disculpe por la multa. | **Извините због казне.** <br> Izvinite zbog kazne |
| No pasa nada. Fue culpa mía. | **У реду је. Моја грешка.** <br> U redu je. Moja greška |
| Disfrute su viaje. | **Уживајте у путовању.** <br> Uživajte u putovanju |

# Taxi

| | |
|---|---|
| taxi | **такси** <br> taksi |
| taxista | **таксиста** <br> taksista |
| coger un taxi | **ухватити такси** <br> uhvatiti taksi |
| parada de taxis | **такси станица** <br> taksi stanica |
| ¿Dónde puedo coger un taxi? | **Где могу да нађем такси?** <br> Gde mogu da nađem taksi? |
| llamar a un taxi | **позвати такси** <br> pozvati taksi |
| Necesito un taxi. | **Треба ми такси.** <br> Treba mi taksi |
| Ahora mismo. | **Одмах.** <br> Odmah |
| ¿Cuál es su dirección? | **Koja je ваша адреса?** <br> Koja je vaša adresa? |
| Mi dirección es … | **Моја адреса је …** <br> Moja adresa je … |
| ¿Cuál es el destino? | **Докле идете?** <br> Dokle idete? |
| Perdone, … | **Извините …** <br> Izvinite … |
| ¿Está libre? | **Да ли сте слободни?** <br> Da li ste slobodni? |
| ¿Cuánto cuesta ir a …? | **Колико кошта до …?** <br> Koliko košta do …? |
| ¿Sabe usted dónde está? | **Да ли знате где је?** <br> Da li znate gde je? |
| Al aeropuerto, por favor. | **Аеродром, молим.** <br> Aerodrom, molim |
| Pare aquí, por favor. | **Станите овде, молим вас.** <br> Stanite ovde, molim vas |
| No es aquí. | **Није овде.** <br> Nije ovde |
| La dirección no es correcta. | **Ово је погрешна адреса.** <br> Ovo je pogrešna adresa |
| Gire a la izquierda. | **скрените лево** <br> skrenite levo |
| Gire a la derecha. | **скрените десно** <br> skrenite desno |

| | |
|---|---|
| ¿Cuánto le debo? | **Колико вам дугујем?**<br>Koliko vam dugujem? |
| ¿Me da un recibo, por favor? | **Рачун, молим.**<br>Račun, molim |
| Quédese con el cambio. | **Задржите кусур.**<br>Zadržite kusur |

| | |
|---|---|
| Espéreme, por favor. | **Да ли бисте ме сачекали, молим вас?**<br>Da li biste me sačekali, molim vas? |
| cinco minutos | **пет минута**<br>pet minuta |
| diez minutos | **десет минута**<br>deset minuta |
| quince minutos | **петнаест минута**<br>petnaest minuta |
| veinte minutos | **двадесет минута**<br>dvadeset minuta |
| media hora | **пола сата**<br>pola sata |

# Hotel

| | |
|---|---|
| Hola. | **Добар дан.**<br>Dobar dan |
| Me llamo … | **Ja се зовем …**<br>Ja se zovem … |
| Tengo una reserva. | **Имам резервацију.**<br>Imam rezervaciju |
| Necesito … | **Треба ми …**<br>Treba mi … |
| una habitación individual | **једнокреветна соба**<br>jednokrevetna soba |
| una habitación doble | **двокреветна соба**<br>dvokrevetna soba |
| ¿Cuánto cuesta? | **Колико је то?**<br>Koliko je to? |
| Es un poco caro. | **То је мало скупо.**<br>To je malo skupo |
| ¿Tiene alguna más? | **Да ли имате неку другу могућност?**<br>Da li imate neku drugu mogućnost? |
| Me quedo. | **Узећу то.**<br>Uzeću to |
| Pagaré en efectivo. | **Платићу готовином.**<br>Platiću gotovinom |
| Tengo un problema. | **Имам проблем.**<br>Imam problem |
| Mi … no funciona. | **Мој … је сломљен**<br>**/Moja… је сломљена/.**<br>Moj … je slomljen<br>/slomljena/ |
| Mi … está fuera de servicio. | **Мој /Моја/ … не ради.**<br>Moj /Moja/ … ne radi |
| televisión | **телевизор**<br>televizor |
| aire acondicionado | **клима уређај**<br>klima uređaj |
| grifo | **славина**<br>slavina |
| ducha | **туш**<br>tuš |
| lavabo | **лавабо**<br>lavabo |

| | |
|---|---|
| caja fuerte | **сеф**<br>sef |
| cerradura | **брава**<br>brava |
| enchufe | **електрична утичница**<br>električna utičnica |
| secador de pelo | **фен**<br>fen |

| | |
|---|---|
| No tengo … | **Немам …**<br>Nemam … |
| agua | **воде**<br>vode |
| luz | **светла**<br>svetla |
| electricidad | **струје**<br>struje |

| | |
|---|---|
| ¿Me puede dar …? | **Можете ли ми дати …?**<br>Možete li mi dati …? |
| una toalla | **пешкир**<br>peškir |
| una sábana | **ћебе**<br>ćebe |
| unas chanclas | **папуче**<br>papuče |
| un albornoz | **баде-мантил**<br>bade-mantil |
| un champú | **мало шампона**<br>malo šampona |
| jabón | **мало сапуна**<br>malo sapuna |

| | |
|---|---|
| Quisiera cambiar de habitación. | **Хоћу да заменим собу.**<br>Hoću da zamenim sobu |
| No puedo encontrar mi llave. | **Не могу да нађем свој кључ.**<br>Ne mogu da nađem svoj ključ |
| Por favor abra mi habitación. | **Можете ли ми отворити собу, молим вас?**<br>Možete li mi otvoriti sobu, molim vas? |

| | |
|---|---|
| ¿Quién es? | **Ко је тамо?**<br>Ko je tamo? |
| ¡Entre! | **Уђите!**<br>Uđite! |
| ¡Un momento! | **Само тренутак!**<br>Samo trenutak! |
| Ahora no, por favor. | **Не сада, молим вас.**<br>Ne sada, molim vas |
| Venga a mi habitación, por favor. | **Дођите у моју собу, молим вас.**<br>Dođite u moju sobu, molim vas |

| | |
|---|---|
| Quisiera hacer un pedido. | **Хтео бих да поручим храну.**<br>Hteo bih da poručim hranu |
| Mi número de habitación es … | **Број моје собе је …**<br>Broj moje sobe je … |

| | |
|---|---|
| Me voy … | **Одлазим …**<br>Odlazim … |
| Nos vamos … | **Ми одлазимо …**<br>Mi odlazimo … |
| Ahora mismo | **одмах**<br>odmah |
| esta tarde | **овог поподнева**<br>ovog popodneva |
| esta noche | **вечерас**<br>večeras |
| mañana | **сутра**<br>sutra |
| mañana por la mañana | **сутра ујутру**<br>sutra ujutru |
| mañana por la noche | **сутра увече**<br>sutra uveče |
| pasado mañana | **прекосутра**<br>prekosutra |

| | |
|---|---|
| Quisiera pagar la cuenta. | **Хтео бих да платим.**<br>Hteo bih da platim |
| Todo ha estado estupendo. | **Све је било дивно.**<br>Sve je bilo divno |
| ¿Dónde puedo coger un taxi? | **Где могу да нађем такси?**<br>Gde mogu da nađem taksi? |
| ¿Puede llamarme un taxi, por favor? | **Да ли бисте ми позвали такси, молим вас?**<br>Da li biste mi pozvali taksi, molim vas? |

# Restaurante

¿Puedo ver el menú, por favor?

**Могу ли да погледам мени, молим вас?**
Mogu li da pogledam meni, molim vas?

Mesa para uno.

**Сто за једног.**
Sto za jednog

Somos dos (tres, cuatro).

**Има нас двоје (троје, четворо).**
Ima nas dvoje (troje, četvoro)

Para fumadores

**За пушаче**
Za pušače

Para no fumadores

**За непушаче**
Za nepušače

¡Por favor! (llamar al camarero)

**Конобар!**
Konobar!

la carta

**мени**
meni

la carta de vinos

**винска карта**
vinska karta

La carta, por favor.

**Мени, молим вас.**
Meni, molim vas

¿Está listo para pedir?

**Да ли сте спремни да наручите?**
Da li ste spremni da naručite?

¿Qué quieren pedir?

**Шта бисте хтели?**
Šta biste hteli?

Yo quiero ...

**Ја ћу ...**
Ja ću ...

Soy vegetariano.

**Ја сам вегетеријанац /вегетаријанка/.**
Ja sam vegeterijanac /vegetarijanka/

carne

**месо**
meso

pescado

**рибу**
ribu

verduras

**поврђе**
povrće

¿Tiene platos para vegetarianos?

**Имате ли вегетеријанска јела?**
Imate li vegeterijanska jela?

No como cerdo.

**Не једем свињетину.**
Ne jedem svinjetinu

Él /Ella/ no come carne.

**Он /Она/ не једе месо.**
On /Ona/ ne jede meso

Soy alérgico a …

**Алергичан /Алергична/ сам на …**
Alergičan /Alergična/ sam na …

---

¿Me puede traer …, por favor?

**Да ли бисте ми,
молим вас, донели …**
Da li biste mi,
molim vas, doneli …

sal | pimienta | azúcar

**со | бибер | шећер**
so | biber | šećer

café | té | postre

**кафу | чај | дезерт**
kafu | čaj | dezert

agua | con gas | sin gas

**воду | газирану | негазирану**
vodu | gaziranu | negaziranu

una cuchara | un tenedor | un cuchillo

**кашику | виљушку | нож**
kašiku | viljušku | nož

un plato | una servilleta

**тањир | салвету**
tanjir | salvetu

---

¡Buen provecho!

**Пријатно!**
Prijatno!

Uno más, por favor.

**Још једно, молим.**
Još jedno, molim

Estaba delicioso.

**Било је изврсно.**
Bilo je izvrsno

---

la cuenta | el cambio | la propina

**рачун | кусур | бакшиш**
račun | kusur | bakšiš

La cuenta, por favor.

**Рачун, молим.**
Račun, molim

¿Puedo pagar con tarjeta?

**Могу ли да платим
кредитном картицом?**
Mogu li da platim
kreditnom karticom?

Perdone, aquí hay un error.

**Извините, овде је грешка.**
Izvinite, ovde je greška

# De Compras

| | |
|---|---|
| ¿Puedo ayudarle? | **Могу ли да вам помогнем?**<br>Mogu li da vam pomognem? |
| ¿Tiene …? | **Имате ли …?**<br>Imate li …? |
| Busco … | **Тражим …**<br>Tražim … |
| Necesito … | **Треба ми …**<br>Treba mi … |

| | |
|---|---|
| Sólo estoy mirando. | **Само гледам.**<br>Samo gledam |
| Sólo estamos mirando. | **Само гледамо.**<br>Samo gledamo |
| Volveré más tarde. | **Вратићу се касније.**<br>Vratiću se kasnije |
| Volveremos más tarde. | **Вратићемо се касније.**<br>Vratićemo se kasnije |
| descuentos \| oferta | **попусти \| распродаја**<br>popusti \| rasprodaja |

| | |
|---|---|
| Por favor, enséñeme … | **Да ли бисте ми, молим вас,<br>показали …**<br>Da li biste mi, molim vas,<br>pokazali … |
| ¿Me puede dar …, por favor? | **Да ли бисте ми, молим вас, дали …**<br>Da li biste mi, molim vas, dali … |
| ¿Puedo probarmelo? | **Могу ли да пробам?**<br>Mogu li da probam? |
| Perdone, ¿dónde están los probadores? | **Извините, где је кабина<br>за пресвлачење?**<br>Izvinite, gde je kabina<br>za presvlačenje? |
| ¿Qué color le gustaría? | **Коју боју бисте хтели?**<br>Koju boju biste hteli? |
| la talla \| el largo | **величина \| дужина**<br>veličina \| dužina |
| ¿Cómo le queda? (¿Está bien?) | **Како ми стоји?**<br>Kako mi stoji? |
| ¿Cuánto cuesta esto? | **Колико кошта?**<br>Koliko košta? |
| Es muy caro. | **То је прескупо.**<br>To je preskupo |
| Me lo llevo. | **Узећу то.**<br>Uzeću to |

| | |
|---|---|
| Perdone, ¿dónde está la caja? | **Извините, где се плаћа?**<br>Izvinite, gde se plaća? |
| ¿Pagará en efectivo o con tarjeta? | **Плаћате ли готовином или кредитном картицом?**<br>Plaćate li gotovinom ili kreditnom karticom? |
| en efectivo \| con tarjeta | **Готовином \| кредитном картицом**<br>Gotovinom \| kreditnom karticom |
| ¿Quiere el recibo? | **Желите ли рачун?**<br>Želite li račun? |
| Sí, por favor. | **Да, молим.**<br>Da, molim |
| No, gracias. | **Не, у реду је.**<br>Ne, u redu je |
| Gracias. ¡Que tenga un buen día! | **Хвала. Пријатно!**<br>Hvala. Prijatno! |

## En la ciudad

| | |
|---|---|
| Perdone, por favor. | **Извините, молим вас ...** <br> Izvinite, molim vas ... |
| Busco ... | **Тражим ...** <br> Tražim ... |
| el metro | **метро** <br> metro |
| mi hotel | **свој хотел** <br> svoj hotel |
| el cine | **биоскоп** <br> bioskop |
| una parada de taxis | **такси станицу** <br> taksi stanicu |
| un cajero automático | **банкомат** <br> bankomat |
| una oficina de cambio | **мењачницу** <br> menjačnicu |
| un cibercafé | **интернет кафе** <br> internet kafe |
| la calle ... | **улицу ...** <br> ulicu ... |
| este lugar | **ово место** <br> ovo mesto |
| ¿Sabe usted dónde está ...? | **Знате ли где је ...?** <br> Znate li gde je ...? |
| ¿Cómo se llama esta calle? | **Која је ово улица?** <br> Koja je ovo ulica? |
| Muestreme dónde estamos ahora. | **Покажите ми где смо ми сада.** <br> Pokažite mi gde smo mi sada |
| ¿Puedo llegar a pie? | **Могу ли до тамо пешке?** <br> Mogu li do tamo peške? |
| ¿Tiene un mapa de la ciudad? | **Имате ли мапу града?** <br> Imate li mapu grada? |
| ¿Cuánto cuesta la entrada? | **Колико кошта улазница?** <br> Koliko košta ulaznica? |
| ¿Se pueden hacer fotos aquí? | **Могу ли овде да се сликам?** <br> Mogu li ovde da se slikam? |
| ¿Está abierto? | **Да ли радите?** <br> Da li radite? |

¿A qué hora abren?   **Када отварате?**
Kada otvarate?

¿A qué hora cierran?   **Када затварате?**
Kada zatvarate?

# Dinero

| | |
|---|---|
| dinero | **новац**<br>novac |
| efectivo | **готовина**<br>gotovina |
| billetes | **папирни новац**<br>papirni novac |
| monedas | **кусур, ситниш**<br>kusur, sitniš |
| la cuenta \| el cambio \| la propina | **рачун \| кусур \| бакшиш**<br>račun \| kusur \| bakšiš |

| | |
|---|---|
| la tarjeta de crédito | **кредитна картица**<br>kreditna kartica |
| la cartera | **новчаник**<br>novčanik |
| comprar | **купити**<br>kupiti |
| pagar | **платити**<br>platiti |
| la multa | **казна**<br>kazna |
| gratis | **бесплатно**<br>besplatno |

| | |
|---|---|
| ¿Dónde puedo comprar …? | **Где могу да купим …?**<br>Gde mogu da kupim …? |
| ¿Está el banco abierto ahora? | **Да ли је банка отворена сада?**<br>Da li je banka otvorena sada? |
| ¿A qué hora abre? | **Када се отвара?**<br>Kada se otvara? |
| ¿A qué hora cierra? | **Када се затвара?**<br>Kada se zatvara? |

| | |
|---|---|
| ¿Cuánto cuesta? | **Колико?**<br>Koliko? |
| ¿Cuánto cuesta esto? | **Колико ово кошта?**<br>Koliko ovo košta? |
| Es muy caro. | **То је прескупо.**<br>To je preskupo |

| | |
|---|---|
| Perdone, ¿dónde está la caja? | **Извините, где се плаћа?**<br>Izvinite, gde se plaća? |
| La cuenta, por favor. | **Рачун, молим.**<br>Račun, molim |

| | |
|---|---|
| ¿Puedo pagar con tarjeta? | **Могу ли да платим кредитном картицом?**<br>Mogu li da platim kreditnom karticom? |
| ¿Hay un cajero por aquí? | **Да ли овде негде има банкомат?**<br>Da li ovde negde ima bankomat? |
| Busco un cajero automático. | **Тражим банкомат.**<br>Tražim bankomat |
| Busco una oficina de cambio. | **Тражим мењачницу.**<br>Tražim menjačnicu |
| Quisiera cambiar … | **Хтео бих да заменим …**<br>Hteo bih da zamenim … |
| ¿Cuál es el tipo de cambio? | **Колики је курс?**<br>Koliki je kurs? |
| ¿Necesita mi pasaporte? | **Да ли вам треба мој пасош?**<br>Da li vam treba moj pasoš? |

# Tiempo

| | |
|---|---|
| ¿Qué hora es? | **Колико је сати?**<br>Koliko je sati? |
| ¿Cuándo? | **Када?**<br>Kada? |
| ¿A qué hora? | **У колико сати?**<br>U koliko sati? |
| ahora \| luego \| después de … | **сада \| касније \| после …**<br>sada \| kasnije \| posle … |
| la una | **један сат**<br>jedan sat |
| la una y cuarto | **један и петнаест**<br>jedan i petnaest |
| la una y medio | **пола два**<br>pola dva |
| las dos menos cuarto | **петнаест до два**<br>petnaest do dva |
| una \| dos \| tres | **један \| два \| три**<br>jedan \| dva \| tri |
| cuatro \| cinco \| seis | **четири \| пет \| шест**<br>četiri \| pet \| šest |
| siete \| ocho \| nueve | **седам \| осам \| девет**<br>sedam \| osam \| devet |
| diez \| once \| doce | **десет \| једанаест \| дванаест**<br>deset \| jedanaest \| dvanaest |
| en … | **за …**<br>za … |
| cinco minutos | **пет минута**<br>pet minuta |
| diez minutos | **десет минута**<br>deset minuta |
| quince minutos | **петнаест минута**<br>petnaest minuta |
| veinte minutos | **двадесет минута**<br>dvadeset minuta |
| media hora | **пола сата**<br>pola sata |
| una hora | **сат времена**<br>sat vremena |
| por la mañana | **ујутру**<br>ujutru |

| | |
|---|---|
| por la mañana temprano | **рано ујутру** <br> rano ujutru |
| esta mañana | **овог јутра** <br> ovog jutra |
| mañana por la mañana | **сутра ујутру** <br> sutra ujutru |
| al mediodía | **за време ручка** <br> za vreme ručka |
| por la tarde | **после подне** <br> posle podne |
| por la noche | **увече** <br> uveče |
| esta noche | **вечерас** <br> večeras |
| por la noche | **ноћу** <br> noću |
| ayer | **јуче** <br> juče |
| hoy | **данас** <br> danas |
| mañana | **сутра** <br> sutra |
| pasado mañana | **прекосутра** <br> prekosutra |
| ¿Qué día es hoy? | **Који је данас дан?** <br> Koji je danas dan? |
| Es … | **Данас је …** <br> Danas je … |
| lunes | **Понедељак** <br> Ponedeljak |
| martes | **Уторак** <br> Utorak |
| miércoles | **Среда** <br> Sreda |
| jueves | **Четвртак** <br> Četvrtak |
| viernes | **Петак** <br> Petak |
| sábado | **Субота** <br> Subota |
| domingo | **Недеља** <br> Nedelja |

## Saludos. Presentaciones.

| | |
|---|---|
| Hola. | **Здраво.** <br> Zdravo |
| Encantado /Encantada/ de conocerle. | **Драго ми је што смо се упознали.** <br> Drago mi je što smo se upoznali |
| Yo también. | **И мени.** <br> I meni |
| Le presento a … | **Хтео бих да упознаш …** <br> Hteo bih da upoznaš … |
| Encantado. | **Драго ми је што смо се упознали.** <br> Drago mi je što smo se upoznali |

| | |
|---|---|
| ¿Cómo está? | **Како сте?** <br> Kako ste? |
| Me llamo … | **Ја се зовем …** <br> Ja se zovem … |
| Se llama … | **Он се зове …** <br> On se zove … |
| Se llama … | **Она се зове …** <br> Ona se zove … |
| ¿Cómo se llama (usted)? | **Како се ви зовете?** <br> Kako se vi zovete? |
| ¿Cómo se llama (él)? | **Како се он зове?** <br> Kako se on zove? |
| ¿Cómo se llama (ella)? | **Како се она зове?** <br> Kako se ona zove? |

| | |
|---|---|
| ¿Cuál es su apellido? | **Како се презивате?** <br> Kako se prezivate? |
| Puede llamarme … | **Можете ме звати …** <br> Možete me zvati … |
| ¿De dónde es usted? | **Одакле сте?** <br> Odakle ste? |
| Yo soy de …. | **Ја сам из …** <br> Ja sam iz … |
| ¿A qué se dedica? | **Чиме се бавите?** <br> Čime se bavite? |
| ¿Quién es? | **Ко је ово?** <br> Ko je ovo? |
| ¿Quién es él? | **Ко је он?** <br> Ko je on? |
| ¿Quién es ella? | **Ко је она?** <br> Ko je ona? |
| ¿Quiénes son? | **Ко су они?** <br> Ko su oni? |

Este es …

**Ово је …**
Ovo je …

mi amigo

**мој пријатељ**
moj prijatelj

mi amiga

**моја пријатељица**
moja prijateljica

mi marido

**мој муж**
moj muž

mi mujer

**моја жена**
moja žena

---

mi padre

**мој отац**
moj otac

mi madre

**моја мајка**
moja majka

mi hermano

**мој брат**
moj brat

mi hermana

**моја сестра**
moja sestra

mi hijo

**мој син**
moj sin

mi hija

**моја ћерка**
moja ćerka

---

Este es nuestro hijo.

**Ово је наш син.**
Ovo je naš sin

Esta es nuestra hija.

**Ово је наша ћерка.**
Ovo je naša ćerka

Estos son mis hijos.

**Ово су моја деца.**
Ovo su moja deca

Estos son nuestros hijos.

**Ово су наша деца.**
Ovo su naša deca

## Despedidas

| | |
|---|---|
| ¡Adiós! | **Довиђења!** <br> Doviđenja! |
| ¡Chau! | **Ћао!** <br> Ćao! |
| Hasta mañana. | **Видимо се сутра.** <br> Vidimo se sutra |
| Hasta pronto. | **Видимо се ускоро.** <br> Vidimo se uskoro |
| Te veo a las siete. | **Видимо се у седам.** <br> Vidimo se u sedam |
| ¡Que se diviertan! | **Лепо се проведите!** <br> Lepo se provedite! |
| Hablamos más tarde. | **Чујемо се касније.** <br> Čujemo se kasnije |
| Que tengas un buen fin de semana. | **Леп викенд.** <br> Lep vikend |
| Buenas noches. | **Лаку ноћ.** <br> Laku noć |
| Es hora de irme. | **Време је да кренем.** <br> Vreme je da krenem |
| Tengo que irme. | **Морам да кренем.** <br> Moram da krenem |
| Ahora vuelvo. | **Одмах се враћам.** <br> Odmah se vraćam |
| Es tarde. | **Касно је.** <br> Kasno je |
| Tengo que levantarme temprano. | **Морам рано да устанем.** <br> Moram rano da ustanem |
| Me voy mañana. | **Одлазим сутра.** <br> Odlazim sutra |
| Nos vamos mañana. | **Одлазимо сутра.** <br> Odlazimo sutra |
| ¡Que tenga un buen viaje! | **Лепо се проведите на путу!** <br> Lepo se provedite na putu! |
| Ha sido un placer. | **Драго ми је што смо се упознали.** <br> Drago mi je što smo se upoznali |
| Fue un placer hablar con usted. | **Драго ми је што смо поразговарали.** <br> Drago mi je što smo porazgovarali |
| Gracias por todo. | **Хвала на свему.** <br> Hvala na svemu |

Lo he pasado muy bien.

**Лепо сам се провео /провела/.**
Lepo sam se proveo /provela/

Lo pasamos muy bien.

**Лепо смо се провели.**
Lepo smo se proveli

Fue genial.

**Било је супер.**
Bilo je super

Le voy a echar de menos.

**Недостајаћете ми.**
Nedostajaćete mi

Le vamos a echar de menos.

**Недостајаћете нам.**
Nedostajaćete nam

¡Suerte!

**Срећно!**
Srećno!

Saludos a …

**Поздравите …**
Pozdravite …

## Idioma extranjero

No entiendo.

**Не разумем.**
Ne razumem

Escríbalo, por favor.

**Можете ли то записати?**
Možete li to zapisati?

¿Habla usted …?

**Да ли говорите …?**
Da li govorite …?

Hablo un poco de …

**Помало говорим …**
Pomalo govorim …

inglés

**Енглески**
Engleski

turco

**Турски**
Turski

árabe

**Арапски**
Arapski

francés

**Француски**
Francuski

alemán

**Немачки**
Nemački

italiano

**Италијански**
Italijanski

español

**Шпански**
Španski

portugués

**Португалски**
Portugalski

chino

**Кинески**
Kineski

japonés

**Јапански**
Japanski

¿Puede repetirlo, por favor?

**Можете ли то да поновите,
молим вас.**
Možete li to da ponovite,
molim vas

Lo entiendo.

**Разумем.**
Razumem

No entiendo.

**Не разумем.**
Ne razumem

Hable más despacio, por favor.

**Молим вас, говорите спорије.**
Molim vas, govorite sporije

¿Está bien?

**Јел' тако?**
Jel' tako?

¿Qué es esto? (¿Que significa esto?)

**Шта је ово?**
Šta je ovo?

## Disculpas

| | |
|---|---|
| Perdone, por favor. | **Извините, молим вас.**<br>Izvinite, molim vas |
| Lo siento. | **Извините.**<br>Izvinite |
| Lo siento mucho. | **Јако ми је жао.**<br>Jako mi je žao |
| Perdón, fue culpa mía. | **Извините, ја сам крив.**<br>Izvinite, ja sam kriv |
| Culpa mía. | **Моја грешка.**<br>Moja greška |
| ¿Puedo …? | **Смем ли …?**<br>Smem li …? |
| ¿Le molesta si …? | **Да ли би вам сметало да …?**<br>Da li bi vam smetalo da …? |
| ¡No hay problema! (No pasa nada.) | **OK је.**<br>OK je |
| Todo está bien. | **У реду је.**<br>U redu je |
| No se preocupe. | **Не брините.**<br>Ne brinite |

# Acuerdos

| | |
|---|---|
| Sí. | **Да.**<br>Da |
| Sí, claro. | **Да, свакако.**<br>Da, svakako |
| Bien. | **Добро, важи!**<br>Dobro, važi! |
| Muy bien. | **Врло добро.**<br>Vrlo dobro |
| ¡Claro que sí! | **Свакако!**<br>Svakako! |
| Estoy de acuerdo. | **Слажем се.**<br>Slažem se |
| Es verdad. | **Тако је.**<br>Tako je |
| Es correcto. | **То је тачно.**<br>To je tačno |
| Tiene razón. | **Ви сте у праву.**<br>Vi ste u pravu |
| No me molesta. | **Не смета ми.**<br>Ne smeta mi |
| Es completamente cierto. | **Потпуно тачно.**<br>Potpuno tačno |
| Es posible. | **Могуће је.**<br>Moguće je |
| Es una buena idea. | **То је добра идеја.**<br>To je dobra ideja |
| No puedo decir que no. | **Не могу да одбијем.**<br>Ne mogu da odbijem |
| Estaré encantado /encantada/. | **Биће ми задовољство.**<br>Biće mi zadovoljstvo |
| Será un placer. | **Са задовољством.**<br>Sa zadovoljstvom |

## Rechazo. Expresar duda

No.

**Не.**
Ne

Claro que no.

**Нипошто.**
Nipošto

No estoy de acuerdo.

**Не слажем се.**
Ne slažem se

No lo creo.

**Не мислим тако.**
Ne mislim tako

No es verdad.

**Није истина.**
Nije istina

No tiene razón.

**Грешите.**
Grešite

Creo que no tiene razón.

**Мислим да грешите.**
Mislim da grešite

No estoy seguro /segura/.

**Нисам сигуран /сигурна/.**
Nisam siguran /sigurna/

No es posible.

**Немогуће.**
Nemoguće

¡Nada de eso!

**Нема шансе!**
Nema šanse!

Justo lo contrario.

**Потпуно супротно.**
Potpuno suprotno

Estoy en contra de ello.

**Ја сам против тога.**
Ja sam protiv toga

No me importa. (Me da igual.)

**Баш ме брига.**
Baš me briga

No tengo ni idea.

**Немам појма.**
Nemam pojma

Dudo que sea así.

**Не мислим тако.**
Ne mislim tako

Lo siento, no puedo.

**Жао ми је, не могу.**
Žao mi je, ne mogu

Lo siento, no quiero.

**Жао ми је, не желим.**
Žao mi je, ne želim

Gracias, pero no lo necesito.

**Хвала, али то ми није потребно.**
Hvala, ali to mi nije potrebno

Ya es tarde.

**Већ је касно.**
Već je kasno

Tengo que levantarme temprano.　　**Морам рано да устанем.**
Moram rano da ustanem

Me encuentro mal.　　**Не осећам се добро.**
Ne osećam se dobro

## Expresar gratitud

| | |
|---|---|
| Gracias. | **Хвала вам.**<br>Hvala vam |
| Muchas gracias. | **Много вам хвала.**<br>Mnogo vam hvala |
| De verdad lo aprecio. | **Заиста то ценим.**<br>Zaista to cenim |
| Se lo agradezco. | **Заиста сам вам захвалан /захвална/.**<br>Zaista sam vam zahvalan /zahvalna/ |
| Se lo agradecemos. | **Заиста смо вам захвални.**<br>Zaista smo vam zahvalni |
| Gracias por su tiempo. | **Хвала вам на времену.**<br>Hvala vam na vremenu |
| Gracias por todo. | **Хвала на свему.**<br>Hvala na svemu |
| Gracias por … | **Хвала вам на …**<br>Hvala vam na … |
| su ayuda | **вашој помоћи**<br>vašoj pomoći |
| tan agradable momento | **на лепом проводу**<br>na lepom provodu |
| una comida estupenda | **лепом оброку**<br>lepom obroku |
| una velada tan agradable | **лепој вечери**<br>lepoj večeri |
| un día maravilloso | **дивном дану**<br>divnom danu |
| un viaje increíble | **сјајном путовању**<br>sjajnom putovanju |
| No hay de qué. | **Није то ништа.**<br>Nije to ništa |
| De nada. | **Нема на чему.**<br>Nema na čemu |
| Siempre a su disposición. | **У свако доба.**<br>U svako doba |
| Encantado /Encantada/ de ayudarle. | **Било ми је задовољство.**<br>Bilo mi je zadovoljstvo |
| No hay de qué. | **Заборавите на то.**<br>Zaboravite na to |
| No tiene importancia. | **Не брините за то.**<br>Ne brinite za to |

## Felicitaciones , Mejores Deseos

| | |
|---|---|
| ¡Felicidades! | **Честитам!**<br>Čestitam! |
| ¡Feliz Cumpleaños! | **Срећан рођендан!**<br>Srećan rođendan! |
| ¡Feliz Navidad! | **Срећан Божић!**<br>Srećan Božić! |
| ¡Feliz Año Nuevo! | **Срећна Нова година!**<br>Srećna Nova godina! |
| ¡Felices Pascuas! | **Срећан Ускрс!**<br>Srećan Uskrs! |
| ¡Feliz Hanukkah! | **Срећна Ханука!**<br>Srećna Hanuka! |
| Quiero brindar. | **Хтео бих да наздравим.**<br>Hteo bih da nazdravim |
| ¡Salud! | **Живели!**<br>Živeli! |
| ¡Brindemos por …! | **Попијмо у име …!**<br>Popijmo u ime …! |
| ¡A nuestro éxito! | **За наш успех!**<br>Za naš uspeh! |
| ¡A su éxito! | **За ваш успех!**<br>Za vaš uspeh! |
| ¡Suerte! | **Срећно!**<br>Srećno! |
| ¡Que tenga un buen día! | **Пријатан дан!**<br>Prijatan dan! |
| ¡Que tenga unas buenas vacaciones! | **Уживајте на одмору!**<br>Uživajte na odmoru! |
| ¡Que tenga un buen viaje! | **Срећан пут!**<br>Srećan put! |
| ¡Espero que se recupere pronto! | **Надам се да ћете<br>се ускоро опоравити!**<br>Nadam se da ćete<br>se uskoro oporaviti! |

## Socializarse

| | |
|---|---|
| ¿Por qué está triste? | **Зашто си тужна?**<br>Zašto si tužna? |
| ¡Sonría! ¡Anímese! | **Насмеши се! Разведри се!**<br>Nasmeši se! Razvedri se! |
| ¿Está libre esta noche? | **Да ли си слободна вечерас?**<br>Da li si slobodna večeras? |
| ¿Puedo ofrecerle algo de beber? | **Могу ли вам понудити пиће?**<br>Mogu li vam ponuditi piće? |
| ¿Querría bailar conmigo? | **Да ли сте за плес?**<br>Da li ste za ples? |
| Vamos a ir al cine. | **Хајдемо у биоскоп.**<br>Hajdemo u bioskop |
| ¿Puedo invitarle a ...? | **Могу ли вас позвати у ...?**<br>Mogu li vas pozvati u ...? |
| un restaurante | **ресторан**<br>restoran |
| el cine | **биоскоп**<br>bioskop |
| el teatro | **позориште**<br>pozorište |
| dar una vuelta | **у шетњу**<br>u šetnju |
| ¿A qué hora? | **У колико сати?**<br>U koliko sati? |
| esta noche | **вечерас**<br>večeras |
| a las seis | **у шест**<br>u šest |
| a las siete | **у седам**<br>u sedam |
| a las ocho | **у осам**<br>u osam |
| a las nueve | **у девет**<br>u devet |
| ¿Le gusta este lugar? | **Да ли ти се допада овде?**<br>Da li ti se dopada ovde? |
| ¿Está aquí con alguien? | **Да ли си овде са неким?**<br>Da li si ovde sa nekim? |
| Estoy con mi amigo /amiga/. | **Са пријатељем /пријатељицом/.**<br>Sa prijateljem /prijateljicom/ |

| | |
|---|---|
| Estoy con amigos. | **Са пријатељима.**<br>Sa prijateljima |
| No, estoy solo /sola/. | **Не, сâм сам. /Не, сама сам/.**<br>Ne, sâm sam. /Ne, sama sam/ |

| | |
|---|---|
| ¿Tienes novio? | **Да ли имаш дечка?**<br>Da li imaš dečka? |
| Tengo novio. | **Имам дечка.**<br>Imam dečka |
| ¿Tienes novia? | **Да ли имаш девојку?**<br>Da li imaš devojku? |
| Tengo novia. | **Имам девојку.**<br>Imam devojku |

| | |
|---|---|
| ¿Te puedo volver a ver? | **Могу ли опет да те видим?**<br>Mogu li opet da te vidim? |
| ¿Te puedo llamar? | **Могу ли да те позовем?**<br>Mogu li da te pozovem? |
| Llámame. | **Позови ме.**<br>Pozovi me |
| ¿Cuál es tu número? | **Који ти је број телефона?**<br>Koji ti je broj telefona? |
| Te echo de menos. | **Недостајеш ми.**<br>Nedostaješ mi |

| | |
|---|---|
| ¡Qué nombre tan bonito! | **Имате лепо име.**<br>Imate lepo ime |
| Te quiero. | **Волим те.**<br>Volim te |
| ¿Te casarías conmigo? | **Удај се за мене.**<br>Udaj se za mene |
| ¡Está de broma! | **Шалите се!**<br>Šalite se! |
| Sólo estoy bromeando. | **Само се шалим.**<br>Samo se šalim |

| | |
|---|---|
| ¿En serio? | **Да ли сте озбиљни?**<br>Da li ste ozbiljni? |
| Lo digo en serio. | **Озбиљан сам.**<br>Ozbiljan sam |
| ¿De verdad? | **Стварно?!**<br>Stvarno?! |
| ¡Es increíble! | **То је невероватно!**<br>To je neverovatno! |
| No le creo. | **Не верујем вам.**<br>Ne verujem vam |
| No puedo. | **Не могу.**<br>Ne mogu |
| No lo sé. | **Не знам.**<br>Ne znam |
| No le entiendo. | **Не разумем те.**<br>Ne razumem te |

Váyase, por favor.

**Молим вас, одлазите.**
Molim vas, odlazite

¡Déjeme en paz!

**Оставите ме на миру!**
Ostavite me na miru!

Es inaguantable.

**Не могу да га поднесем.**
Ne mogu da ga podnesem

¡Es un asqueroso!

**Одвратни сте!**
Odvratni ste!

¡Llamaré a la policía!

**Зваћу полицију!**
Zvaću policiju!

## Compartir impresiones. Emociones

| | |
|---|---|
| Me gusta. | **Свиђа ми се то.**<br>Sviđa mi se to |
| Muy lindo. | **Баш лепо.**<br>Baš lepo |
| ¡Es genial! | **То је супер!**<br>To je super! |
| No está mal. | **Није лоше.**<br>Nije loše |

| | |
|---|---|
| No me gusta. | **Не свиђа ми се.**<br>Ne sviđa mi se |
| No está bien. | **Није добро.**<br>Nije dobro |
| Está mal. | **Лоше је.**<br>Loše je |
| Está muy mal. | **Много је лоше.**<br>Mnogo je loše |
| ¡Qué asco! | **Грозно је.**<br>Grozno je |

| | |
|---|---|
| Estoy feliz. | **Срећан /Срећна/ сам.**<br>Srećan /Srećna/ sam |
| Estoy contento /contenta/. | **Задовољан /Задовољна/ сам.**<br>Zadovoljan /Zadovoljna/ sam |
| Estoy enamorado /enamorada/. | **Заљубљен /Заљубљена/ сам.**<br>Zaljubljen /Zaljubljena/ sam |
| Estoy tranquilo. | **Миран /Мирна/ сам.**<br>Miran /Mirna/ sam |
| Estoy aburrido. | **Досадно ми је.**<br>Dosadno mi je |

| | |
|---|---|
| Estoy cansado /cansada/. | **Уморан /Уморна/ сам.**<br>Umoran /Umorna/ sam |
| Estoy triste. | **Тужан /Тужна/ сам.**<br>Tužan /Tužna/ sam |
| Estoy asustado. | **Уплашен /Уплашена/ сам.**<br>Uplašen /Uplašena/ sam |
| Estoy enfadado /enfadada/. | **Љут /Љута/ сам.**<br>Ljut /Ljuta/ sam |

| | |
|---|---|
| Estoy preocupado /preocupada/. | **Забринут /Забринута/ сам.**<br>Zabrinut /Zabrinuta/ sam |
| Estoy nervioso /nerviosa/. | **Нервозан /Нервозна/ сам.**<br>Nervozan /Nervozna/ sam |

Estoy celoso /celosa/.

**Љубоморан /Љубоморна/ сам.**
Ljubomoran /Ljubomorna/ sam

Estoy sorprendido /sorprendida/.

**Изненађен /Изненађена/ сам.**
Iznenađen /Iznenađena/ sam

Estoy perplejo /perpleja/.

**Збуњен /Збуњена/ сам.**
Zbunjen /Zbunjena/ sam

## Problemas, Accidentes

| Tengo un problema. | **Имам проблем.**<br>Imam problem |
| --- | --- |
| Tenemos un problema. | **Имамо проблем.**<br>Imamo problem |
| Estoy perdido /perdida/. | **Изгубио /Изгубила/ сам се.**<br>Izgubio /Izgubila/ sam se |
| Perdi el último autobús (tren). | **Пропустио /пропустила/**<br>**сам последњи аутобус (воз).**<br>Propustio /propustila/<br>sam poslednji autobus (voz) |
| No me queda más dinero. | **Немам више новца.**<br>Nemam više novca |

| He perdido … | **Изгубио /Изгубила/ сам …**<br>Izgubio /Izgubila/ sam … |
| --- | --- |
| Me han robado … | **Неко ми је украо …**<br>Neko mi je ukrao … |
| mi pasaporte | **пасош**<br>pasoš |
| mi cartera | **новчаник**<br>novčanik |
| mis papeles | **папире**<br>papire |
| mi billete | **карту**<br>kartu |

| mi dinero | **новац**<br>novac |
| --- | --- |
| mi bolso | **ташну**<br>tašnu |
| mi cámara | **фото-апарат**<br>foto-aparat |
| mi portátil | **лаптоп**<br>laptop |
| mi tableta | **таблет рачунар**<br>tablet računar |
| mi teléfono | **мобилни телефон**<br>mobilni telefon |

| ¡Ayúdeme! | **Помозите ми!**<br>Pomozite mi! |
| --- | --- |
| ¿Qué pasó? | **Шта се десило?**<br>Šta se desilo? |

| el incendio | пожар |
| | požar |
| un tiroteo | пуцњава |
| | pucnjava |
| el asesinato | убиство |
| | ubistvo |
| una explosión | експлозија |
| | eksplozija |
| una pelea | туча |
| | tuča |

| ¡Llame a la policía! | Позовите полицију! |
| | Pozovite policiju! |
| ¡Más rápido, por favor! | Молим вас, пожурите! |
| | Molim vas, požurite! |
| Busco la comisaría. | Тражим полицијску станицу. |
| | Tražim policijsku stanicu |
| Tengo que hacer una llamada. | Морам да телефонирам. |
| | Moram da telefoniram |
| ¿Puedo usar su teléfono? | Могу ли да се послужим вашим телефоном? |
| | Mogu li da se poslužim vašim telefonom? |

| Me han ... | Неко ме је ... |
| | Neko me je ... |
| asaltado /asaltada/ | покрао |
| | pokrao |
| robado /robada/ | опљачкао |
| | opljačkao |
| violada | силовао |
| | silovao |
| atacado /atacada/ | напао |
| | napao |

| ¿Se encuentra bien? | Да ли сте добро? |
| | Da li ste dobro? |
| ¿Ha visto quien a sido? | Да ли сте видели ко је то био? |
| | Da li ste videli ko je to bio? |
| ¿Sería capaz de reconocer a la persona? | Да ли бисте могли да препознате ту особу? |
| | Da li biste mogli da prepoznate tu osobu? |
| ¿Está usted seguro? | Да ли сте сигурни? |
| | Da li ste sigurni? |

| Por favor, cálmese. | Молим вас, смирите се. |
| | Molim vas, smirite se |
| ¡Cálmese! | Само полако! |
| | Samo polako! |
| ¡No se preocupe! | Не брините! |
| | Ne brinite! |

| | |
|---|---|
| Todo irá bien. | **Све ће бити у реду.**<br>Sve će biti u redu |
| Todo está bien. | **Све је у реду.**<br>Sve je u redu |

| | |
|---|---|
| Venga aquí, por favor. | **Дођите, молим вас.**<br>Dođite, molim vas |
| Tengo unas preguntas para usted. | **Имам питања за вас.**<br>Imam pitanja za vas |
| Espere un momento, por favor. | **Сачекајте, молим вас.**<br>Sačekajte, molim vas |
| ¿Tiene un documento de identidad? | **Имате ли исправе?**<br>Imate li isprave? |
| Gracias. Puede irse ahora. | **Хвала. Можете ићи.**<br>Hvala. Možete ići |
| ¡Manos detrás de la cabeza! | **Руке иза главе!**<br>Ruke iza glave! |
| ¡Está arrestado! | **Ухапшени сте!**<br>Uhapšeni ste! |

## Problemas de salud

| | |
|---|---|
| Ayudeme, por favor. | **Молим вас, помозите ми.**<br>Molim vas, pomozite mi |
| No me encuentro bien. | **Не осећам се добро.**<br>Ne osećam se dobro |
| Mi marido no se encuentra bien. | **Мој муж се не осећа добро.**<br>Moj muž se ne oseća dobro |
| Mi hijo … | **Мој син …**<br>Moj sin … |
| Mi padre … | **Мој отац …**<br>Moj otac … |
| Mi mujer no se encuentra bien. | **Моја жена се не осећа добро.**<br>Moja žena se ne oseća dobro |
| Mi hija … | **Моја ћерка …**<br>Moja ćerka … |
| Mi madre … | **Моја мајка …**<br>Moja majka … |
| Me duele … | **Боли ме …**<br>Boli me … |
| la cabeza | **глава**<br>glava |
| la garganta | **грло**<br>grlo |
| el estómago | **стомак**<br>stomak |
| un diente | **зуб**<br>zub |
| Estoy mareado. | **Врти ми се у глави.**<br>Vrti mi se u glavi |
| Él tiene fiebre. | **Он има температуру.**<br>On ima temperaturu |
| Ella tiene fiebre. | **Она има температуру.**<br>Ona ima temperaturu |
| No puedo respirar. | **Не могу да дишем.**<br>Ne mogu da dišem |
| Me ahogo. | **Не могу да удахнем.**<br>Ne mogu da udahnem |
| Tengo asma. | **Ја сам асматичар /асматичарка/.**<br>Ja sam asmatičar /asmatičarka/ |
| Tengo diabetes. | **Ја сам дијабетичар /дијабетичарка/.**<br>Ja sam dijabetičar /dijabetičarka/ |

| | |
|---|---|
| No puedo dormir. | **Не могу да спавам.**<br>Ne mogu da spavam |
| intoxicación alimentaria | **тровање храном**<br>trovanje hranom |

| | |
|---|---|
| Me duele aquí. | **Овде ме боли.**<br>Ovde me boli |
| ¡Ayúdeme! | **Помозите ми!**<br>Pomozite mi! |
| ¡Estoy aquí! | **Овде сам!**<br>Ovde sam! |
| ¡Estamos aquí! | **Овде смо!**<br>Ovde smo! |
| ¡Saquenme de aquí! | **Вадите ме одавде!**<br>Vadite me odavde! |
| Necesito un médico. | **Потребан ми је лекар.**<br>Potreban mi je lekar |
| No me puedo mover. | **Не могу да се померим.**<br>Ne mogu da se pomerim |
| No puedo mover mis piernas. | **Не могу да померам ноге.**<br>Ne mogu da pomeram noge |

| | |
|---|---|
| Tengo una herida. | **Имам рану.**<br>Imam ranu |
| ¿Es grave? | **Да ли је озбиљно?**<br>Da li je ozbiljno? |
| Mis documentos están en mi bolsillo. | **Документа су ми у џепу.**<br>Dokumenta su mi u džepu |
| ¡Cálmese! | **Смирите се!**<br>Smirite se! |
| ¿Puedo usar su teléfono? | **Могу ли да се послужим вашим телефоном?**<br>Mogu li da se poslužim vašim telefonom? |

| | |
|---|---|
| ¡Llame a una ambulancia! | **Позовите хитну помоћ!**<br>Pozovite hitnu pomoć! |
| ¡Es urgente! | **Хитно је!**<br>Hitno je! |
| ¡Es una emergencia! | **Хитан случај!**<br>Hitan slučaj! |
| ¡Más rápido, por favor! | **Молим вас, пожурите!**<br>Molim vas, požurite! |
| ¿Puede llamar a un médico, por favor? | **Молим вас, зовите доктора?**<br>Molim vas, zovite doktora? |
| ¿Dónde está el hospital? | **Где је болница?**<br>Gde je bolnica? |

| | |
|---|---|
| ¿Cómo se siente? | **Како се осећате?**<br>Kako se osećate? |
| ¿Se encuentra bien? | **Да ли сте добро?**<br>Da li ste dobro? |

¿Qué pasó?

**Шта се десило?**
Šta se desilo?

Me encuentro mejor.

**Сада се осећам боље.**
Sada se osećam bolje

Está bien.

**OK je.**
OK je

Todo está bien.

**У реду је.**
U redu je

## En la farmacia

| | |
|---|---|
| la farmacia | **апотека**<br>apoteka |
| la farmacia 24 horas | **дежурна апотека**<br>dežurna apoteka |
| ¿Dónde está la farmacia más cercana? | **Где је најближа апотека?**<br>Gde je najbliža apoteka? |
| ¿Está abierta ahora? | **Да ли је отворена сада?**<br>Da li je otvorena sada? |
| ¿A qué hora abre? | **Када се отвара?**<br>Kada se otvara? |
| ¿A qué hora cierra? | **Када се затвара?**<br>Kada se zatvara? |
| ¿Está lejos? | **Да ли је далеко?**<br>Da li je daleko? |
| ¿Puedo llegar a pie? | **Могу ли до тамо пешке?**<br>Mogu li do tamo peške? |
| ¿Puede mostrarme en el mapa? | **Можете ли да ми покажете на мапи?**<br>Možete li da mi pokažete na mapi? |
| Por favor, deme algo para … | **Молим вас, дајте ми нешто за …**<br>Molim vas, dajte mi nešto za … |
| un dolor de cabeza | **главобољу**<br>glavobolju |
| la tos | **кашаљ**<br>kašalj |
| el resfriado | **прехладу**<br>prehladu |
| la gripe | **грип**<br>grip |
| la fiebre | **температуру**<br>temperaturu |
| un dolor de estomago | **стомачне тегобе**<br>stomačne tegobe |
| nauseas | **мучнину**<br>mučninu |
| la diarrea | **дијареју**<br>dijareju |
| el estreñimiento | **констипацију**<br>konstipaciju |
| un dolor de espalda | **болове у леђима**<br>bolove u leđima |

| | |
|---|---|
| un dolor de pecho | **болове у грудима**<br>bolove u grudima |
| el flato | **бол у боку**<br>bol u boku |
| un dolor abdominal | **бол у стомаку**<br>bol u stomaku |

| | |
|---|---|
| la píldora | **пилула**<br>pilula |
| la crema | **маст, крема**<br>mast, krema |
| el jarabe | **сируп**<br>sirup |
| el spray | **спреј**<br>sprej |
| las gotas | **капи**<br>kapi |

| | |
|---|---|
| Tiene que ir al hospital. | **Морате у болницу.**<br>Morate u bolnicu |
| el seguro de salud | **здравствено осигурање**<br>zdravstveno osiguranje |
| la receta | **рецепт**<br>recept |
| el repelente de insectos | **нешто против инсеката**<br>nešto protiv insekata |
| la curita | **фластер**<br>flaster |

# Lo más imprescindible

| | |
|---|---|
| Perdone, … | **Извините, …**<br>Izvinite, … |
| Hola. | **Добар дан.**<br>Dobar dan |
| Gracias. | **Хвала вам.**<br>Hvala vam |

| | |
|---|---|
| Sí. | **Да.**<br>Da |
| No. | **Не.**<br>Ne |
| No lo sé. | **Не знам.**<br>Ne znam |
| ¿Dónde? \| ¿A dónde? \| ¿Cuándo? | **Где? \| Куда? \| Када?**<br>Gde? \| Kuda? \| Kada? |

| | |
|---|---|
| Necesito … | **Треба ми …**<br>Treba mi … |
| Quiero … | **Хоћу …**<br>Hoću … |
| ¿Tiene …? | **Имате ли …?**<br>Imate li …? |
| ¿Hay … por aquí? | **Да ли овде постоји …?**<br>Da li ovde postoji …? |
| ¿Puedo …? | **Смем ли …?**<br>Smem li …? |
| …, por favor? (petición educada) | **молим**<br>molim |

| | |
|---|---|
| Busco … | **Тражим …**<br>Tražim … |
| el servicio | **тоалет**<br>toalet |
| un cajero automático | **банкомат**<br>bankomat |
| una farmacia | **апотеку**<br>apoteku |
| el hospital | **болницу**<br>bolnicu |

| | |
|---|---|
| la comisaría | **полицијску станицу**<br>policijsku stanicu |
| el metro | **метро**<br>metro |

| | |
|---|---|
| un taxi | **такси**<br>taksi |
| la estación de tren | **железничку станицу**<br>železničku stanicu |

| | |
|---|---|
| Me llamo … | **Ја се зовем …**<br>Ja se zovem … |
| ¿Cómo se llama? | **Како се ви зовете?**<br>Kako se vi zovete? |
| ¿Puede ayudarme, por favor? | **Да ли бисте, молим вас,<br>могли да ми помогнете?**<br>Da li biste, molim vas,<br>mogli da mi pomognete? |
| Tengo un problema. | **Имам проблем.**<br>Imam problem |
| Me encuentro mal. | **Не осећам се добро.**<br>Ne osećam se dobro |
| ¡Llame a una ambulancia! | **Позовите хитну помоћ!**<br>Pozovite hitnu pomoć! |
| ¿Puedo llamar, por favor? | **Смем ли да телефонирам?**<br>Smem li da telefoniram? |

| | |
|---|---|
| Lo siento. | **Извините …**<br>Izvinite … |
| De nada. | **Нема на чему.**<br>Nema na čemu |

| | |
|---|---|
| Yo | **ја, мене**<br>ja, mene |
| tú | **ти**<br>ti |
| él | **он**<br>on |
| ella | **она**<br>ona |
| ellos | **они**<br>oni |
| ellas | **оне**<br>one |
| nosotros /nosotras/ | **ми**<br>mi |
| ustedes, vosotros | **ви**<br>vi |
| usted | **ви**<br>vi |

| | |
|---|---|
| ENTRADA | **УЛАЗ**<br>ULAZ |
| SALIDA | **ИЗЛАЗ**<br>IZLAZ |
| FUERA DE SERVICIO | **НЕ РАДИ**<br>NE RADI |

| | |
|---|---|
| CERRADO | **ЗАТВОРЕНО**<br>ZATVORENO |
| ABIERTO | **ОТВОРЕНО**<br>OTVORENO |
| PARA SEÑORAS | **ЗА ЖЕНЕ**<br>ZA ŽENE |
| PARA CABALLEROS | **ЗА МУШКАРЦЕ**<br>ZA MUŠKARCE |

# VOCABULARIO TEMÁTICO

Esta sección contiene más
de 3.000 de las palabras más
importantes. El diccionario
le proporcionará una ayuda
inestimable mientras viaja al
extranjero, porque las palabras
individuales son a menudo
suficientes para que
le entiendan.
El diccionario incluye una
transcripción adecuada
de cada palabra extranjera

**T&P Books Publishing**

# CONTENIDO
# DEL DICCIONARIO

T&P Books Publishing

# CONCEPTOS BÁSICOS

**T&P Books Publishing**

## 1. Los pronombres

| | | |
|---|---|---|
| yo | **ja** | ja |
| tú | **ти** | ti |
| él | **он** | on |
| ella | **она** | óna |
| ello | **оно** | óno |
| nosotros, -as | **ми** | mi |
| vosotros, -as | **ви** | vi |
| ellos | **они** | óni |
| ellas | **оне** | óne |

## 2. Saludos. Salutaciones

| | | |
|---|---|---|
| ¡Hola! (fam.) | **Здраво!** | Zdrávo! |
| ¡Hola! (form.) | **Добар дан!** | Dóbar dan! |
| ¡Buenos días! | **Добро јутро!** | Dóbro jútro! |
| ¡Buenas tardes! | **Добар дан!** | Dóbar dan! |
| ¡Buenas noches! | **Добро вече!** | Dóbro véče! |
| decir hola | **поздрављати** (пг) | pózdravljati |
| ¡Hola! (a un amigo) | **Здраво!** | Zdrávo! |
| saludo (m) | **поздрав** (м) | pózdrav |
| saludar (vt) | **поздрављати** (пг) | pózdravljati |
| ¿Cómo estáis? | **Како сте?** | Káko ste? |
| ¿Cómo estás? | **Како си?** | Káko si? |
| ¿Qué hay de nuevo? | **Шта је ново?** | Šta je nóvo? |
| ¡Hasta la vista! (form.) | **Довиђења!** | Doviđénja! |
| ¡Hasta la vista! (fam.) | **Здраво!** | Zdrávo! |
| ¡Hasta pronto! | **Видимо се ускоро!** | Vídimo se úskoro! |
| ¡Adiós! | **Збогом!** | Zbógom! |
| despedirse (vr) | **опраштати се** | opráštati se |
| ¡Hasta luego! | **Ћао! Здраво!** | Ćáo! Zdrávo! |
| ¡Gracias! | **Хвала!** | Hvála! |
| ¡Muchas gracias! | **Хвала лепо!** | Hvála lépo! |
| De nada | **Изволите** | Izvólite |
| No hay de qué | **Нема на чему!** | Néma na čému! |
| De nada | **Нема на чему** | Néma na čému |
| ¡Disculpa! | **Извини!** | Izvíni! |
| ¡Disculpe! | **Извините!** | Izvínite! |

| | | |
|---|---|---|
| disculpar (vt) | извињавати (nr) | izvinjávati |
| disculparse (vr) | извињавати се | izvinjávati se |
| Mis disculpas | Извињавам се | Izvinjávam se |
| ¡Perdóneme! | Извините! | Izvínite! |
| perdonar (vt) | опраштати (nr) | opráštati |
| ¡No pasa nada! | Ништа страшно! | Níšta strášno! |
| por favor | молим | mólim |
| | | |
| ¡No se le olvide! | Не заборавите! | Ne zabóravite! |
| ¡Ciertamente! | Наравно! | Náravno! |
| ¡Claro que no! | Наравно да не! | Náravno da ne! |
| ¡De acuerdo! | Слажем се! | Slážem se! |
| ¡Basta! | Доста! | Dósta! |

## 3. Las preguntas

| | | |
|---|---|---|
| ¿Quién? | Ко? | Ko? |
| ¿Qué? | Шта? | Šta? |
| ¿Dónde? | Где? | Gde? |
| ¿Adónde? | Куда? | Kúda? |
| ¿De dónde? | Одакле? Откуд? | Ódakle? Ótkud? |
| ¿Cuándo? | Када? | Káda? |
| ¿Para qué? | Зашто? | Zášto? |
| ¿Por qué? | Зашто? | Zášto? |
| | | |
| ¿Por qué razón? | За шта? Због чега? | Zá šta? Zbog čéga? |
| ¿Cómo? | Како? | Káko? |
| ¿Qué ...? (~ color) | Какав? | Kákav? |
| ¿Cuál? | Који? | Kóji? |
| | | |
| ¿A quién? | Коме? | Kóme? |
| ¿De quién? (~ hablan ...) | О коме? | O kóme? |
| ¿De qué? | О чему? | O čému? |
| ¿Con quién? | Са ким? | Sa kim? |
| | | |
| ¿Cuánto? | Колико? | Kolíko? |
| ¿De quién? (~ es este ...) | Чији? | Číji? |
| ¿De quién? (fem.) | Чија? | Číja? |
| ¿De quién? (pl) | Чије? | Číje? |

## 4. Las preposiciones

| | | |
|---|---|---|
| con ... (~ algn) | с, са | s, sa |
| sin ... (~ azúcar) | без | bez |
| a ... (p.ej. voy a México) | у | u |
| de ... (hablar ~) | о | o |
| antes de ... | пре | pre |
| delante de ... | испред | íspred |

| debajo | испод | íspod |
| sobre …, encima de … | изнад | íznad |
| en, sobre (~ la mesa) | на | na |
| de (origen) | из | iz |
| de (fabricado de) | од | od |

| dentro de … | за | za |
| encima de … | преко | préko |

## 5. Las palabras útiles. Los adverbios. Unidad 1

| ¿Dónde? | Где? | Gde? |
| aquí (adv) | овде | óvde |
| allí (adv) | тамо | támo |

| en alguna parte | негде | négde |
| en ninguna parte | нигде | nígde |

| junto a … | код | kod |
| junto a la ventana | поред прозора | póred prózora |

| ¿A dónde? | Куда? | Kúda? |
| aquí (venga ~) | овамо | óvamo |
| allí (vendré ~) | тамо | támo |
| de aquí (adv) | одавде | ódavde |
| de allí (adv) | оданде | ódande |

| cerca (no lejos) | близу | blízu |
| lejos (adv) | далеко | daléko |

| cerca de … | близу, у близини | blízu, u blizíni |
| al lado (de …) | у близини | u blízini |
| no lejos (adv) | недалеко | nédaleko |

| izquierdo (adj) | леви | lévi |
| a la izquierda (situado ~) | слева | sléva |
| a la izquierda (girar ~) | лево | lévo |

| derecho (adj) | десни | désni |
| a la derecha (situado ~) | десно | désno |
| a la derecha (girar) | десно | désno |

| delante (yo voy ~) | спреда | spréda |
| delantero (adj) | предњи | prédnji |
| adelante (movimiento) | напред | nápred |

| detrás de … | иза | íza |
| desde atrás | отпозади | otpozádi |
| atrás (da un paso ~) | назад, унатраг | názad, unátrag |
| centro (m), medio (m) | средина (ж) | sredína |

| | | |
|---|---|---|
| en medio (adv) | у средини | u sredíni |
| de lado (adv) | са стране | sa stráne |
| en todas partes | свуда | svúda |
| alrededor (adv) | око | óko |
| | | |
| de dentro (adv) | изнутра | iznútra |
| a alguna parte | некуда | nékuda |
| todo derecho (adv) | право | právo |
| atrás (muévelo para ~) | назад | názad |
| | | |
| de alguna parte (adv) | однекуд | ódnekud |
| no se sabe de dónde | однекуд | ódnekud |
| | | |
| primero (adv) | прво | pŕvo |
| segundo (adv) | друго | drúgo |
| tercero (adv) | треће | tréće |
| | | |
| de súbito (adv) | изненада | íznenada |
| al principio (adv) | у почетку | u počétku |
| por primera vez | први пут | pŕvi put |
| mucho tiempo antes … | много пре … | mnógo pre … |
| de nuevo (adv) | поново | pónovo |
| para siempre (adv) | заувек | záuvek |
| | | |
| jamás, nunca (adv) | никад | níkad |
| de nuevo (adv) | опет | ópet |
| ahora (adv) | сада | sáda |
| frecuentemente (adv) | често | čésto |
| entonces (adv) | тада | táda |
| urgentemente (adv) | хитно | hítno |
| usualmente (adv) | обично | óbično |
| | | |
| a propósito, … | узгред, … | úzgred, … |
| es probable | могуће | móguće |
| probablemente (adv) | вероватно | vérovatno |
| tal vez | можда | móžda |
| además … | осим тога … | ósim tóga … |
| por eso … | дакле …, због тога … | dákle …, zbog toga … |
| a pesar de … | без обзира на … | bez óbzira na … |
| gracias a … | захваљујући … | zahváljujući … |
| | | |
| qué (pron) | шта | šta |
| que (conj) | да | da |
| algo (~ le ha pasado) | нешто | néšto |
| algo (~ así) | нешто | néšto |
| nada (f) | ништа | níšta |
| | | |
| quien | ко | ko |
| alguien (viene ~) | неко | néko |
| alguien (¿ha llamado ~?) | неко | néko |
| nadie | нико | níko |
| a ninguna parte | никуд | níkud |

| de nadie | ничији | níčiji |
| de alguien | нечији | néčiji |

| tan, tanto (adv) | тако | táko |
| también (~ habla francés) | такође | takóđe |
| también (p.ej. Yo ~) | такође | takóđe |

## 6. Las palabras útiles. Los adverbios. Unidad 2

| ¿Por qué? | Зашто? | Zášto? |
| no se sabe porqué | из неког разлога | iz nékog rázloga |
| porque ... | јер ..., зато што ... | jer ..., záto što ... |
| por cualquier razón (adv) | из неког разлога | iz nékog rázloga |

| y (p.ej. uno y medio) | и | i |
| o (p.ej. té o café) | или | íli |
| pero (p.ej. me gusta, ~) | али | áli |
| para (p.ej. es para ti) | за | za |

| demasiado (adv) | сувише, превише | súviše, préviše |
| sólo, solamente (adv) | само | sámo |
| exactamente (adv) | тачно | táčno |
| unos ..., | око | óko |
| cerca de ... (~ 10 kg) | | |

| aproximadamente | приближно | príbližno |
| aproximado (adj) | приближан | príbližan |
| casi (adv) | скоро | skóro |
| resto (m) | остало (c) | óstalo |

| el otro (adj) | други | drúgi |
| otro (p.ej. el otro día) | други | drúgi |
| cada (adj) | свак | svak |
| cualquier (adj) | било који | bílo kóji |
| mucho (adv) | много | mnógo |
| muchos (mucha gente) | многи | mnógi |
| todos | сви | svi |

| a cambio de ... | у замену за ... | u zámenu za ... |
| en cambio (adv) | у замену | u zámenu |
| a mano (hecho ~) | ручно | rúčno |
| poco probable | тешко да, једва да | téško da, jédva da |

| probablemente | вероватно | vérovatno |
| a propósito (adv) | намерно | námerno |
| por accidente (adv) | случајно | slúčajno |

| muy (adv) | врло | vŕlo |
| por ejemplo (adv) | на пример | na prímer |
| entre (~ nosotros) | између | ízmeđu |

| | | |
|---|---|---|
| entre (~ otras cosas) | **међу** | méđu |
| tanto (~ gente) | **толико** | tolíko |
| especialmente (adv) | **нарочито** | náročito |

# NÚMEROS. MISCELÁNEA

**T&P Books Publishing**

| | | |
|---|---|---|
| cero | нула (ж) | núla |
| uno | један | jédan |
| dos | два | dva |
| tres | три | tri |
| cuatro | четири | čétiri |
| | | |
| cinco | пет | pet |
| seis | шест | šest |
| siete | седам | sédam |
| ocho | осам | ósam |
| nueve | девет | dévet |
| | | |
| diez | десет | déset |
| once | једанаест | jedánaest |
| doce | дванаест | dvánaest |
| trece | тринаест | trínaest |
| catorce | четрнаест | četŕnaest |
| | | |
| quince | петнаест | pétnaest |
| dieciséis | шеснаест | šésnaest |
| diecisiete | седамнаест | sedámnaest |
| dieciocho | осамнаест | osámnaest |
| diecinueve | деветнаест | devétnaest |
| | | |
| veinte | двадесет | dvádeset |
| veintiuno | двадесет и један | dvádeset i jédan |
| veintidós | двадесет и два | dvádeset i dva |
| veintitrés | двадесет и три | dvádeset i tri |
| | | |
| treinta | тридесет | trídeset |
| treinta y uno | тридесет и један | trídeset i jédan |
| treinta y dos | тридесет и два | trídeset i dva |
| treinta y tres | тридесет и три | trideset i tri |
| | | |
| cuarenta | четрдесет | četrdéset |
| cuarenta y uno | четрдесет и један | četrdéset i jédan |
| cuarenta y dos | четрдесет и два | četrdéset i dva |
| cuarenta y tres | четрдесет и три | četrdéset i tri |
| | | |
| cincuenta | педесет | pedéset |
| cincuenta y uno | педесет и један | pedéset i jédan |
| cincuenta y dos | педесет и два | pedéset i dva |
| cincuenta y tres | педесет и три | pedéset i tri |
| sesenta | шездесет | šezdéset |

| | | |
|---|---|---|
| sesenta y uno | шездесет и један | šezdéset i jédan |
| sesenta y dos | шездесет и два | šezdéset i dva |
| sesenta y tres | шездесет и три | šezdéset i tri |
| | | |
| setenta | седамдесет | sedamdéset |
| setenta y uno | седамдесет и један | sedamdéset i jédan |
| setenta y dos | седамдесет и два | sedamdéset i dva |
| setenta y tres | седамдесет и три | sedamdéset i tri |
| | | |
| ochenta | осамдесет | osamdéset |
| ochenta y uno | осамдесет и један | osamdéset i jédan |
| ochenta y dos | осамдесет и два | osamdéset i dva |
| ochenta y tres | осамдесет и три | osamdéset i tri |
| | | |
| noventa | деведесет | devedéset |
| noventa y uno | деведесет и један | devedéset i jédan |
| noventa y dos | деведесет и два | devedéset i dva |
| noventa y tres | деведесет и три | devedéset i tri |

## 8. Números cardinales. Unidad 2

| | | |
|---|---|---|
| cien | сто | sto |
| doscientos | двеста | dvésta |
| trescientos | триста | trísta |
| cuatrocientos | четиристо | čétiristo |
| quinientos | петсто | pétsto |
| | | |
| seiscientos | шестсто | šéststo |
| setecientos | седамсто | sédamsto |
| ochocientos | осамсто | ósamsto |
| novecientos | деветсто | dévetsto |
| | | |
| mil | хиљада (ж) | híljada |
| dos mil | две хиљаде | dve híljade |
| tres mil | три хиљаде | tri híljade |
| diez mil | десет хиљада | déset híljada |
| cien mil | сто хиљада | sto híljada |
| millón (m) | милион (м) | milíon |
| mil millones | милијарда (ж) | milíjarda |

## 9. Números ordinales

| | | |
|---|---|---|
| primero (adj) | први | pŕvi |
| segundo (adj) | други | drúgi |
| tercero (adj) | трећи | tréći |
| cuarto (adj) | четврти | čétvrti |
| quinto (adj) | пети | péti |
| sexto (adj) | шести | šésti |

| séptimo (adj) | седми | sédmi |
| octavo (adj) | осми | ósmi |
| noveno (adj) | девети | déveti |
| décimo (adj) | десети | déseti |

# LOS COLORES.
# LAS UNIDADES DE MEDIDA

T&P Books Publishing

| | | |
|---|---|---|
| color (m) | боја (ж) | bója |
| matiz (m) | нијанса (ж) | nijánsa |
| tono (m) | тон (м) | ton |
| arco (m) iris | дуга (ж) | dúga |
| blanco (adj) | бео | béo |
| negro (adj) | црн | cŕn |
| gris (adj) | сив | siv |
| verde (adj) | зелен | zélen |
| amarillo (adj) | жут | žut |
| rojo (adj) | црвен | cŕven |
| azul (adj) | плав | plav |
| azul claro (adj) | светло плав | svétlo plav |
| rosa (adj) | ружичаст | rúžičast |
| naranja (adj) | наранџаст | nárandžast |
| violeta (adj) | љубичаст | ljúbičast |
| marrón (adj) | браон | bráon |
| dorado (adj) | златан | zlátan |
| argentado (adj) | сребрнаст | srébrnast |
| beige (adj) | беж | bež |
| crema (adj) | боје крем | bóje krem |
| turquesa (adj) | тиркизан | tírkizan |
| rojo cereza (adj) | боје вишње | bóje víšnje |
| lila (adj) | лила | líla |
| carmesí (adj) | боје малине | bóje máline |
| claro (adj) | светао | svétao |
| oscuro (adj) | таман | táman |
| vivo (adj) | јарки | járki |
| de color (lápiz ~) | обојен | óbojen |
| en colores (película ~) | у боји | u bóji |
| blanco y negro (adj) | црно-бели | cŕno-béli |
| unicolor (adj) | једнобојан | jédnobojan |
| multicolor (adj) | разнобојан | ráznobojan |

| | | |
|---|---|---|
| peso (m) | тежина (ж) | težína |
| longitud (f) | дужина (ж) | dužína |

| | | |
|---|---|---|
| anchura (f) | ширина (ж) | širína |
| altura (f) | висина (ж) | visína |
| profundidad (f) | дубина (ж) | dubína |
| volumen (m) | запремина (ж) | zápremina |
| área (f) | површина (ж) | póvršina |
| | | |
| gramo (m) | грам (м) | gram |
| miligramo (m) | милиграм (м) | míligram |
| kilogramo (m) | килограм (м) | kílogram |
| tonelada (f) | тона (ж) | tóna |
| libra (f) | фунта (ж) | fúnta |
| onza (f) | унца (ж) | únca |
| | | |
| metro (m) | метар (м) | métar |
| milímetro (m) | милиметар (м) | mílimetar |
| centímetro (m) | сантиметар (м) | santimétar |
| kilómetro (m) | километар (м) | kílometar |
| milla (f) | миља (ж) | mílja |
| | | |
| pulgada (f) | палац (м) | pálac |
| pie (m) | стопа (ж) | stópa |
| yarda (f) | јард (м) | jard |
| | | |
| metro (m) cuadrado | квадратни метар (м) | kvádratni métar |
| hectárea (f) | хектар (м) | héktar |
| litro (m) | литар (м) | lítar |
| grado (m) | степен (м) | stépen |
| voltio (m) | волт (м) | volt |
| amperio (m) | ампер (м) | ámper |
| caballo (m) de fuerza | коњска снага (ж) | kónjska snága |
| | | |
| cantidad (f) | количина (ж) | količína |
| un poco de … | мало … | málo … |
| mitad (f) | половина (ж) | polóvina |
| docena (f) | туце (с) | túce |
| pieza (f) | комад (м) | kómad |
| | | |
| dimensión (f) | величина (ж) | veličína |
| escala (f) (del mapa) | размер (м) | rázmer |
| | | |
| mínimo (adj) | минималан | mínimalan |
| el más pequeño (adj) | најмањи | nájmanji |
| medio (adj) | средњи | srédnji |
| máximo (adj) | максималан | máksimalan |
| el más grande (adj) | највећи | nájveći |

## 12. Contenedores

| | | |
|---|---|---|
| tarro (m) de vidrio | тегла (ж) | tégla |
| lata (f) | лименка (ж) | límenka |

| | | |
|---|---|---|
| cubo (m) | ведро (c) | védro |
| barril (m) | буре (c) | búre |
| | | |
| palangana (f) | лавор (м) | lávor |
| tanque (m) | резервоар (м) | rezervóar |
| petaca (f) (de alcohol) | чутурица (ж) | čúturica |
| bidón (m) de gasolina | канта (ж) за гориво | kánta za górivo |
| cisterna (f) | цистерна (ж) | cistérna |
| | | |
| taza (f) (mug de cerámica) | кригла (ж) | krígla |
| taza (f) (~ de café) | шоља (ж) | šólja |
| platillo (m) | тацна (ж) | tácna |
| vaso (m) (~ de agua) | чаша (ж) | čáša |
| copa (f) (~ de vino) | чаша (ж) за вино | čáša za víno |
| olla (f) | шерпа (ж), лонац (м) | šerpa, lónac |
| | | |
| botella (f) | боца, флаша (ж) | bóca, fláša |
| cuello (m) de botella | врат (м) | vrat |
| | | |
| garrafa (f) | бокал (м) | bókal |
| jarro (m) (~ de agua) | крчаг (м) | kŕčag |
| recipiente (m) | суд (м) | sud |
| tarro (m) | лонац (м) | lónac |
| florero (m) | ваза (ж) | váza |
| | | |
| frasco (m) (~ de perfume) | боца (ж) | bóca |
| frasquito (m) | бочица (ж) | bóčica |
| tubo (m) | туба (ж) | túba |
| | | |
| saco (m) (~ de azúcar) | џак (м) | džak |
| bolsa (f) (~ plástica) | кеса (ж) | késa |
| paquete (m) (~ de cigarrillos) | паковање (c) | pákovanje |
| | | |
| caja (f) | кутија (ж) | kútija |
| cajón (m) (~ de madera) | сандук (м) | sánduk |
| cesta (f) | корпа (ж) | kórpa |

# LOS VERBOS
# MÁS IMPORTANTES

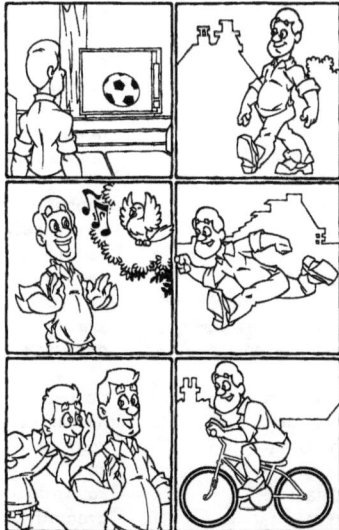

**T&P Books Publishing**

| | | |
|---|---|---|
| abrir (vt) | отварати (пг) | otvárati |
| acabar, terminar (vt) | завршавати (пг) | završávati |
| aconsejar (vt) | саветовати (пг) | sávetovati |
| adivinar (vt) | погодити (пг) | pogóditi |
| advertir (vt) | упозоравати (пг) | upozorávati |
| alabarse, jactarse (vr) | хвалисати се | hválisati se |
| | | |
| almorzar (vi) | ручати (нг) | rúčati |
| alquilar (~ una casa) | изнајмити (пг) | iznájmiti |
| amenazar (vt) | претити (нг) | prétiti |
| arrepentirse (vr) | жалити (нг) | žáliti |
| ayudar (vt) | помагати (пг) | pomágati |
| bañarse (vr) | купати се | kúpati se |
| | | |
| bromear (vi) | шалити се | šáliti se |
| buscar (vt) | тражити (пг) | trážiti |
| caer (vi) | падати (нг) | pádati |
| callarse (vr) | ћутати (нг) | ćútati |
| | | |
| cambiar (vt) | променити (пг) | proméniti |
| castigar, punir (vt) | кажњавати (пг) | kažnjávati |
| | | |
| cavar (vt) | копати (пг) | kópati |
| cazar (vi, vt) | ловити (пг) | lóviti |
| cenar (vi) | вечерати (нг) | véčerati |
| cesar (vt) | прекидати (пг) | prekídati |
| | | |
| coger (vt) | ловити (пг) | lóviti |
| comenzar (vt) | почињати (нг, пг) | póčinjati |
| | | |
| comparar (vt) | упоређивати (пг) | upoređívati |
| comprender (vt) | разумевати (пг) | razumévati |
| confiar (vt) | веровати (пг) | vérovati |
| confundir (vt) | бркати (пг) | bŕkati |
| | | |
| conocer (~ a alguien) | знати (пг) | znáti |
| contar (vt) (enumerar) | рачунати (пг) | račúnati |
| | | |
| contar con ... | рачунати на ... | račúnati na ... |
| continuar (vt) | настављати (пг) | nástavljati |
| controlar (vt) | контролисати (пг) | kontrólisati |
| correr (vi) | трчати (нг) | tŕčati |
| costar (vt) | коштати (нг) | kóštati |
| crear (vt) | створити (пг) | stvóriti |

## 14. Los verbos más importantes. Unidad 2

| | | |
|---|---|---|
| dar (vt) | давати (nr) | dávati |
| dar una pista | дати миг | dáti mig |
| decir (vt) | рећи (nr) | réći |
| decorar (para la fiesta) | украшавати (nr) | ukrašávati |
| | | |
| defender (vt) | штитити (nr) | štítiti |
| dejar caer | испуштати (nr) | ispúštati |
| desayunar (vi) | доручковати (нr) | dóručkovati |
| descender (vi) | спуштати се | spúštati se |
| | | |
| dirigir (administrar) | руководити (nr) | rukovóditi |
| disculpar (vt) | извињавати (nr) | izvinjávati |
| disculparse (vr) | извињавати се | izvinjávati se |
| discutir (vt) | расправљати (nr) | ráspravljati |
| dudar (vt) | сумњати (нr) | súmnjati |
| | | |
| encontrar (hallar) | наћи (nr) | náći |
| engañar (vi, vt) | обмањивати (nr) | obmanjívati |
| entrar (vi) | ући, улазити (нr) | úći, úlaziti |
| enviar (vt) | слати (nr) | sláti |
| | | |
| equivocarse (vr) | грешити (нr) | gréšiti |
| escoger (vt) | бирати (nr) | bírati |
| esconder (vt) | крити (nr) | kríti |
| escribir (vt) | писати (nr) | písati |
| esperar (aguardar) | чекати (нr, nr) | čékati |
| | | |
| esperar (tener esperanza) | надати се | nádati se |
| estar de acuerdo | слагати се | slágati se |
| estudiar (vt) | студирати (nr) | studírati |
| | | |
| exigir (vt) | захтевати, тражити | zahtévati, trážiti |
| existir (vi) | постојати (нr) | póstojati |
| explicar (vt) | објашњавати (nr) | objašnjávati |
| faltar (a las clases) | пропуштати (nr) | propúštati |
| firmar (~ el contrato) | потписивати (nr) | potpisívati |
| | | |
| girar (~ a la izquierda) | скретати (нr) | skrétati |
| gritar (vi) | викати (нr) | víkati |
| guardar (conservar) | чувати (nr) | čúvati |
| gustar (vi) | свиђати се | svíđati se |
| hablar (vi, vt) | говорити (нr) | govóriti |
| | | |
| hacer (vt) | радити (nr) | ráditi |
| informar (vt) | информисати (nr) | infórmisati |
| insistir (vi) | инсистирати (нr) | insistírati |
| insultar (vt) | вређати (nr) | vréđati |
| interesarse (vr) | интересовати се | ínteresovati se |
| invitar (vt) | позивати (nr) | pozívati |

| ir (a pie) | ићи (нг) | íći |
| jugar (divertirse) | играти (нг) | ígrati |

## 15. Los verbos más importantes. Unidad 3

| leer (vi, vt) | читати (нг, пr) | čítati |
| liberar (ciudad, etc.) | ослобађати (пr) | oslobáđati |
| llamar (por ayuda) | звати (пr) | zváti |
| llegar (vi) | стизати (нг) | stízati |
| llorar (vi) | плакати (нг) | plákati |

| matar (vt) | убијати (нг) | ubíjati |
| mencionar (vt) | спомињати (пr) | spóminjati |
| mostrar (vt) | показивати (пr) | pokazívati |
| nadar (vi) | пливати (нг) | plívati |

| negarse (vr) | одбијати се | odbíjati se |
| objetar (vt) | приговарати (нг) | prigovárati |
| observar (vt) | посматрати (нг) | posmátrati |
| oír (vt) | чути (нг, пr) | čúti |

| olvidar (vt) | заборављати (нг, пr) | zabóravljati |
| orar (vi) | молити се | móliti se |
| ordenar (mil.) | наређивати (пr) | naređívati |
| pagar (vi, vt) | платити (нг, пr) | plátiti |
| pararse (vr) | заустављати се | zaústavljati se |

| participar (vi) | учествовати (нг) | účestvovati |
| pedir (ayuda, etc.) | молити (пr) | móliti |
| pedir (en restaurante) | наручивати (пr) | naručívati |
| pensar (vi, vt) | мислити (нг) | mísliti |

| percibir (ver) | запажати (пr) | zapážati |
| perdonar (vt) | опраштати (пr) | opráštati |
| permitir (vt) | дозвољавати (нг, пr) | dozvoljávati |
| pertenecer a … | припадати (нг) | prípadati |

| planear (vt) | планирати (пr) | planírati |
| poder (v aux) | моћи (нг) | móći |
| poseer (vt) | поседовати (пr) | pósedovati |
| preferir (vt) | преферирати (пr) | preferírati |
| preguntar (vt) | питати (пr) | pítati |

| preparar (la cena) | кувати (пr) | kúvati |
| prever (vt) | предвиђати (пr) | predvíđati |
| probar, tentar (vt) | пробати (нг) | próbati |
| prometer (vt) | обећати (пr) | obéćati |
| pronunciar (vt) | изговарати (пr) | izgovárati |
| proponer (vt) | предлагати (пr) | predlágati |
| quebrar (vt) | ломити (пr) | lómiti |

| quejarse (vr) | жалити се | žáliti se |
| querer (amar) | волети (пг) | vóleti |
| querer (desear) | хтети (пг) | htéti |

## 16. Los verbos más importantes. Unidad 4

| recomendar (vt) | препоручивати (пг) | preporučívati |
| regañar, reprender (vt) | грдити (пг) | gŕditi |
| reírse (vr) | смејати се | sméjati se |
| repetir (vt) | понављати (пг) | ponávljati |
| reservar (~ una mesa) | резервисати (пг) | rezervísati |
| responder (vi, vt) | одговарати (нг, пг) | odgovárati |

| robar (vt) | красти (пг) | krásti |
| saber (~ algo mas) | знати (пг) | znáti |
| salir (vi) | изаћи (нг) | ízaći |
| salvar (vt) | спасавати (пг) | spasávati |
| seguir … | пратити (пг) | prátiti |
| sentarse (vr) | седати (нг) | sédati |

| ser necesario | бити потребан | bíti pótreban |
| ser, estar (vi) | бити (нг, пг) | bíti |
| significar (vt) | значити (нг) | znáčiti |
| sonreír (vi) | осмехивати се | osmehívati se |
| sorprenderse (vr) | чудити се | čúditi se |

| subestimar (vt) | подцењивати (пг) | podcenjívati |
| tener (vt) | имати (пг) | ímati |
| tener hambre | бити гладан | bíti gládan |
| tener miedo | плашити се | plášiti se |

| tener prisa | журити се | žúriti se |
| tener sed | бити жедан | bíti žédan |
| tirar, disparar (vi) | пуцати (нг) | púcati |
| tocar (con las manos) | дирати (пг) | dírati |
| tomar (vt) | узети (пг) | úzeti |
| tomar nota | записивати (пг) | zapisívati |

| trabajar (vi) | радити (нг) | ráditi |
| traducir (vt) | преводити (пг) | prevóditi |
| unir (vt) | уједињавати (пг) | ujedinjávati |
| vender (vt) | продавати (пг) | prodávati |
| ver (vt) | видети (пг) | vídeti |
| volar (pájaro, avión) | летети (нг) | léteti |

# LA HORA. EL CALENDARIO

T&P Books Publishing

## 17. Los días de la semana

| | | |
|---|---|---|
| lunes (m) | понедељак (м) | ponédeljak |
| martes (m) | уторак (м) | útorak |
| miércoles (m) | среда (ж) | sréda |
| jueves (m) | четвртак (м) | četvŕtak |
| viernes (m) | петак (м) | pétak |
| sábado (m) | субота (ж) | súbota |
| domingo (m) | недеља (ж) | nédelja |
| | | |
| hoy (adv) | данас | dánas |
| mañana (adv) | сутра | sútra |
| pasado mañana | прекосутра | prékosutra |
| ayer (adv) | јуче | júče |
| anteayer (adv) | прекјуче | prékjuče |
| | | |
| día (m) | дан (м) | dan |
| día (m) de trabajo | радни дан (м) | rádni dan |
| día (m) de fiesta | празничан дан (м) | prázničan dan |
| día (m) de descanso | слободан дан (м) | slóbodan dan |
| fin (m) de semana | викенд (м) | víkend |
| | | |
| todo el día | цео дан | céo dan |
| al día siguiente | следећег дана, сутра | slédećeg dána, sútra |
| dos días atrás | пре два дана | pre dva dána |
| en vísperas (adv) | уочи | úoči |
| diario (adj) | свакодневан | svákodnevan |
| cada día (adv) | свакодневно | svákodnevno |
| | | |
| semana (f) | недеља (ж) | nédelja |
| semana (f) pasada | прошле недеље | próšle nédelje |
| semana (f) que viene | следеће недеље | slédeće nédelje |
| semanal (adj) | недељни | nédeljni |
| cada semana (adv) | недељно | nédeljno |
| 2 veces por semana | два пута недељно | dva púta nédeljno |
| todos los martes | сваког уторка | svákog útorka |

## 18. Las horas. El día y la noche

| | | |
|---|---|---|
| mañana (f) | јутро (с) | jútro |
| por la mañana | ујутру | újutru |
| mediodía (m) | подне (с) | pódne |
| por la tarde | поподне | popódne |
| noche (f) | вече (с) | véče |

| por la noche | увече | úveče |
| noche (f) (p.ej. 2:00 a.m.) | ноћ (ж) | noć |
| por la noche | ноћу | nóću |
| medianoche (f) | поноћ (ж) | pónoć |

| segundo (m) | секунд (м) | sékund |
| minuto (m) | минут (ж) | mínut |
| hora (f) | сат (м) | sat |
| media hora (f) | пола сата | póla sáta |
| cuarto (m) de hora | четврт сата | čétvrt sáta |
| quince minutos | петнаест минута | pétnaest minúta |
| veinticuatro horas | двадесет четири сата | dvádeset čétiri sáta |

| salida (f) del sol | излазак (м) сунца | ízlazak súnca |
| amanecer (m) | свануће (с) | svanúće |
| madrugada (f) | рано јутро (с) | ráno jútro |
| puesta (f) del sol | залазак (м) сунца | zálazak súnca |

| de madrugada | рано ујутру | ráno újutru |
| esta mañana | јутрос | jútros |
| mañana por la mañana | сутра ујутру | sútra újutru |

| esta tarde | овог поподнева | óvog popódneva |
| por la tarde | поподне | popódne |
| mañana por la tarde | сутра поподне | sútra popódne |

| esta noche (p.ej. 8:00 p.m.) | вечерас | večéras |
| mañana por la noche | сутра увече | sútra úveče |

| a las tres en punto | тачно у три сата | táčno u tri sáta |
| a eso de las cuatro | око четири сата | óko čétiri sáta |
| para las doce | до дванаест сати | do dvánaest sáti |

| dentro de veinte minutos | за двадесет минута | za dvádeset minúta |
| dentro de una hora | за сат времена | za sat vrémena |
| a tiempo (adv) | навреме | návreme |

| ... menos cuarto | четвртина до | četvŕtina do |
| durante una hora | за сат времена | za sat vrémena |
| cada quince minutos | сваких петнаест минута | svákih pétnaest minúta |
| día y noche | дан и ноћ | dan i noć |

## 19. Los meses. Las estaciones

| enero (m) | јануар (м) | jánuar |
| febrero (m) | фебруар (м) | fébruar |
| marzo (m) | март (м) | mart |
| abril (m) | април (м) | ápril |
| mayo (m) | мај (м) | maj |

| | | |
|---|---|---|
| junio (m) | **јун, јуни** (м) | jun, júni |
| julio (m) | **јули** (м) | júli |
| agosto (m) | **август** (м) | ávgust |
| septiembre (m) | **септембар** (м) | séptembar |
| octubre (m) | **октобар** (м) | óktobar |
| noviembre (m) | **новембар** (м) | nóvembar |
| diciembre (m) | **децембар** (м) | décembar |
| | | |
| primavera (f) | **пролеће** (с) | próleće |
| en primavera | **у пролеће** | u próleće |
| de primavera (adj) | **пролећни** | prólećni |
| | | |
| verano (m) | **лето** (с) | léto |
| en verano | **лети** | léti |
| de verano (adj) | **летни** | létni |
| | | |
| otoño (m) | **јесен** (ж) | jésen |
| en otoño | **у јесен** | u jésen |
| de otoño (adj) | **јесењи** | jésenji |
| | | |
| invierno (m) | **зима** (ж) | zíma |
| en invierno | **зими** | zími |
| de invierno (adj) | **зимски** | zímski |
| | | |
| mes (m) | **месец** (м) | mésec |
| este mes | **овог месеца** | óvog méseca |
| al mes siguiente | **следећег месеца** | slédećeg méseca |
| el mes pasado | **прошлог месеца** | próšlog méseca |
| | | |
| hace un mes | **пре месец дана** | pre mésec dána |
| dentro de un mes | **за месец дана** | za mésec dána |
| dentro de dos meses | **за два месеца** | za dva meséca |
| todo el mes | **цео месец** | céo mésec |
| todo un mes | **цео месец** | céo mésec |
| | | |
| mensual (adj) | **месечни** | mésečni |
| mensualmente (adv) | **месечно** | mésečno |
| cada mes | **сваког месеца** | svákog méseca |
| dos veces por mes | **два пута месечно** | dva púta mésečno |
| | | |
| año (m) | **година** (ж) | gódina |
| este año | **ове године** | óve gódine |
| el próximo año | **следеће године** | slédeće gódine |
| el año pasado | **прошла година** | próšla gódina |
| | | |
| hace un año | **пре годину дана** | pre gódinu dána |
| dentro de un año | **за годину дана** | za gódinu dána |
| dentro de dos años | **за две године** | za dve gódine |
| todo el año | **цела година** | céla gódina |
| todo un año | **цела година** | céla gódina |
| cada año | **сваке године** | sváke gódine |
| anual (adj) | **годишњи** | gódišnji |

| anualmente (adv) | годишње | gódišnje |
| cuatro veces por año | четири пута годишње | četiri púta gódišnje |

| fecha (f) (la ~ de hoy es …) | датум (м) | dátum |
| fecha (f) (~ de entrega) | датум (м) | dátum |
| calendario (m) | календар (м) | kaléndar |

| medio año (m) | пола године | póla gódine |
| seis meses | полугодиште (c) | polugódište |
| estación (f) | сезона (ж) | sezóna |
| siglo (m) | век (м) | vek |

T&P BOOKS

# EL VIAJE. EL HOTEL

T&P Books Publishing

| | | |
|---|---|---|
| turismo (m) | туризам (м) | turízam |
| turista (m) | туриста (м) | turísta |
| viaje (m) | путовање (с) | putovánje |
| aventura (f) | авантура (ж) | avantúra |
| viaje (m) (p.ej. ~ en coche) | путовање (с) | putovánje |
| | | |
| vacaciones (f pl) | одмор (м) | ódmor |
| estar de vacaciones | бити на годишњем одмору | bíti na gódišnjem ódmoru |
| descanso (m) | одмор (м) | ódmor |
| | | |
| tren (m) | воз (м) | voz |
| en tren | возом | vózom |
| avión (m) | авион (м) | avíon |
| en avión | авионом | avíonom |
| en coche | колима, аутом | kólima, áutom |
| en barco | бродом | bródom |
| equipaje (m) | пртљаг (м) | pŕtljag |
| maleta (f) | кофер (м) | kófer |
| carrito (m) de equipaje | колица (мн) за пртљаг | kolíca za pŕtljag |
| | | |
| pasaporte (m) | пасош (м) | pásoš |
| visado (m) | виза (ж) | víza |
| billete (m) | карта (ж) | kárta |
| billete (m) de avión | авионска карта (ж) | aviónska kárta |
| guía (f) (libro) | водич (м) | vódič |
| mapa (m) | мапа (ж) | mápa |
| área (f) (~ rural) | подручје (с) | pódručje |
| lugar (m) | место (с) | mésto |
| | | |
| exotismo (m) | егзотика (ж) | egzótika |
| exótico (adj) | егзотичан | egzótičan |
| asombroso (adj) | диван | dívan |
| | | |
| grupo (m) | група (ж) | grúpa |
| excursión (f) | екскурзија (ж) | ekskúrzija |
| guía (m) (persona) | водич (м) | vódič |

| | | |
|---|---|---|
| hotel (m) | хотел (м) | hótel |
| motel (m) | мотел (м) | mótel |

| de tres estrellas | три звездице | tri zvézdice |
| de cinco estrellas | пет звездица | pet zvézdica |
| hospedarse (vr) | одсести (нг) | ódsesti |

| habitación (f) | соба (ж) | sóba |
| habitación (f) individual | једнокреветна соба (ж) | jédnokrevetna sóba |
| habitación (f) doble | двокреветна соба (ж) | dvókrevetna sóba |
| reservar una habitación | резервисати собу | rezervísati sóbu |

| media pensión (f) | полупансион (м) | polupansíon |
| pensión (f) completa | пун пансион (м) | pun pansíon |

| con baño | са кадом | sa kádom |
| con ducha | са тушем | sa túšem |
| televisión (f) satélite | сателитска телевизија (ж) | satelítska televízija |
| climatizador (m) | клима (ж) | klíma |
| toalla (f) | пешкир (м) | péškir |
| llave (f) | кључ (м) | ključ |

| administrador (m) | администратор (м) | administrátor |
| camarera (f) | собарица (ж) | sóbarica |
| maletero (m) | носач (м) | nósač |
| portero (m) | вратар (м) | vrátar |

| restaurante (m) | ресторан (м) | restóran |
| bar (m) | бар (м) | bar |
| desayuno (m) | доручак (м) | dóručak |
| cena (f) | вечера (ж) | véčera |
| buffet (m) libre | шведски сто (м) | švédski sto |

| vestíbulo (m) | фоаје (м) | foáje |
| ascensor (m) | лифт (м) | lift |

| NO MOLESTAR | НЕ УЗНЕМИРАВАТИ | NE UZNEMIRAVATI |
| PROHIBIDO FUMAR | ЗАБРАЊЕНО ПУШЕЊЕ | ZABRANJENO PUŠENJE |

## 22. El turismo. La excursión

| monumento (m) | споменик (м) | spómenik |
| fortaleza (f) | тврђава (ж) | tvŕđava |
| palacio (m) | палата (ж) | paláta |
| castillo (m) | замак (м) | zámak |
| torre (f) | кула (ж) | kúla |
| mausoleo (m) | маузолеј (м) | mauzólej |

| arquitectura (f) | архитектура (ж) | arhitektúra |
| medieval (adj) | средњовековни | srednjovékovni |
| antiguo (adj) | старински | starínski |
| nacional (adj) | национални | nacionálni |

| | | |
|---|---|---|
| conocido (adj) | **чувен** | čúven |
| turista (m) | **туриста** (м) | turísta |
| guía (m) (persona) | **водич** (м) | vódič |
| excursión (f) | **екскурзија** (ж) | ekskúrzija |
| mostrar (vt) | **показивати** (пг) | pokazívati |
| contar (una historia) | **причати** (пг) | príčati |
| | | |
| encontrar (hallar) | **наћи** (пг) | náći |
| perderse (vr) | **изгубити се** | izgúbiti se |
| plano (m) (~ de metro) | **мапа** (ж) | mápa |
| mapa (m) (~ de la ciudad) | **план** (м) | plan |
| | | |
| recuerdo (m) | **сувенир** (м) | suvénir |
| tienda (f) de regalos | **продавница** (ж) **сувенира** | pródavnica suveníra |
| | | |
| hacer fotos | **сликати** (пг) | slíkati |
| fotografiarse (vr) | **сликати се** | slíkati se |

BOOKS

T&P

# EL TRANSPORTE

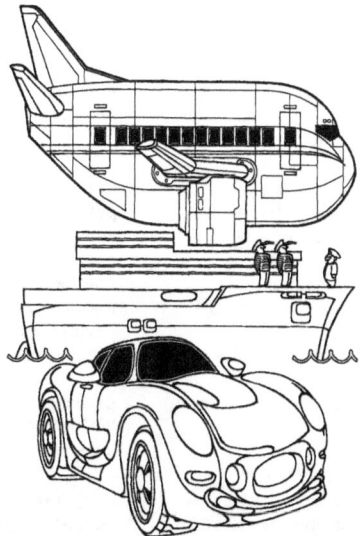

T&P Books Publishing

## 23. El aeropuerto

| | | |
|---|---|---|
| aeropuerto (m) | аеродром (м) | aeródrom |
| avión (m) | авион (м) | avíon |
| compañía (f) aérea | авио-компанија (ж) | ávio-kompánija |
| controlador (m) aéreo | контролор (м) лета | kontrólor léta |

| | | |
|---|---|---|
| despegue (m) | полазак (м) | pólazak |
| llegada (f) | долазак (м) | dólazak |
| llegar (en avión) | долетети (нг) | doléteti |

| | | |
|---|---|---|
| hora (f) de salida | време (с) поласка | vréme pólaska |
| hora (f) de llegada | време (с) доласка | vréme dólaska |

| | | |
|---|---|---|
| retrasarse (vr) | каснити (нг) | kásniti |
| retraso (m) de vuelo | кашњење (с) лета | kášnjenje léta |

| | | |
|---|---|---|
| pantalla (f) de información | информативна табла (ж) | ínformativna tábla |
| información (f) | информација (ж) | informácija |
| anunciar (vt) | објављивати (нг) | objavljívati |
| vuelo (m) | лет (м) | let |

| | | |
|---|---|---|
| aduana (f) | царина (ж) | cárina |
| aduanero (m) | цариник (м) | cárinik |

| | | |
|---|---|---|
| declaración (f) de aduana | царинска декларација (ж) | cárinska deklarácija |

| | | |
|---|---|---|
| rellenar (vt) | попунити (нг) | pópuniti |
| rellenar la declaración | попунити декларацију | pópuniti deklaráciju |
| control (m) de pasaportes | пасошка контрола (ж) | pásoška kontróla |

| | | |
|---|---|---|
| equipaje (m) | пртљаг (м) | pŕtljag |
| equipaje (m) de mano | ручни пртљаг (м) | rúčni pŕtljag |
| carrito (m) de equipaje | колица (мн) за пртљаг | kolíca za pŕtljag |

| | | |
|---|---|---|
| aterrizaje (m) | слетање (с) | slétanje |
| pista (f) de aterrizaje | писта (ж) за слетање | písta za slétanje |
| aterrizar (vi) | спуштати се | spúštati se |
| escaleras (f pl) (de avión) | степенице (мн) | stépenice |

| | | |
|---|---|---|
| facturación (f) (check-in) | регистрација (ж), чекирање (с) | registrácija, čekíranje |
| mostrador (m) de facturación | шалтер (м) за чекирање | šálter za čekíranje |
| hacer el check-in | пријавити се | prijáviti se |
| tarjeta (f) de embarque | бординг карта (ж) | bórding kárta |

| puerta (f) de embarque | излаз (м) | ízlaz |
| tránsito (m) | транзит (м) | tránzit |
| esperar (aguardar) | чекати (нг, пг) | čékati |
| zona (f) de preembarque | чекаоница (ж) | čekaónica |
| despedir (vt) | пратити (пг) | prátiti |
| despedirse (vr) | опраштати се | opráštati se |

## 24. El avión

| avión (m) | авион (м) | avíon |
| billete (m) de avión | авионска карта (ж) | avíonska kárta |
| compañía (f) aérea | авио-компанија (ж) | ávio-kompánija |
| aeropuerto (m) | аеродром (м) | aeródrom |
| supersónico (adj) | суперсоничан | supersóničan |

| comandante (m) | капетан (м) авиона | kapétan avíona |
| tripulación (f) | посада (ж) | pósada |
| piloto (m) | пилот (м) | pílot |
| azafata (f) | стјуардеса (ж) | stjuardésa |
| navegador (m) | навигатор (м) | navígator |

| alas (f pl) | крила (мн) | kríla |
| cola (f) | реп (м) | rep |
| cabina (f) | кабина (ж) | kabína |
| motor (m) | мотор (м) | mótor |
| tren (m) de aterrizaje | шасија (ж) | šásija |
| turbina (f) | турбина (ж) | turbína |

| hélice (f) | пропелер (м) | propéler |
| caja (f) negra | црна кутија (ж) | cŕna kútija |
| timón (m) | управљач (м) | uprávljač |
| combustible (m) | гориво (м) | górivo |

| instructivo (m) de seguridad | упутство (с) за ванредне ситуације | úputstvo za vanredne situácije |
| respirador (m) de oxígeno | маска (ж) за кисеоник | máska za kiseónik |
| uniforme (m) | униформа (ж) | úniforma |
| chaleco (m) salvavidas | прслук (м) за спасавање | pŕsluk za spásavanje |
| paracaídas (m) | падобран (м) | pádobran |

| despegue (m) | полетање, узлетање (с) | polétanje, uzlétanje |
| despegar (vi) | полетати (нг) | polétati |
| pista (f) de despegue | писта (ж) | písta |

| visibilidad (f) | видљивост (ж) | vídljivost |
| vuelo (m) | лет (м) | let |
| altura (f) | висина (ж) | visína |
| pozo (m) de aire | ваздушни џеп (м) | vázdušni džep |
| asiento (m) | седиште (с) | sédište |
| auriculares (m pl) | слушалице (мн) | slúšalice |

| mesita (f) plegable | сточић (м) на расклапање | stóćić na rasklápanje |
| ventana (f) | прозор (м) | prózor |
| pasillo (m) | пролаз (м) | prólaz |

## 25. El tren

| tren (m) | воз (м) | voz |
| tren (m) de cercanías | електрични воз (м) | eléktrični voz |
| tren (m) rápido | брзи воз (м) | bŕzi voz |
| locomotora (f) diésel | дизел локомотива (ж) | dízel lokomotíva |
| tren (m) de vapor | парна локомотива (ж) | párna lokomotíva |

| coche (m) | вагон (м) | vágon |
| coche (m) restaurante | вагон ресторан (м) | vágon restóran |

| rieles (m pl) | шине (мн) | šíne |
| ferrocarril (m) | железница (ж) | žéleznica |
| traviesa (f) | праг (м) | prag |

| plataforma (f) | перон (м) | péron |
| vía (f) | колосек (м) | kólosek |
| semáforo (m) | семафор (м) | sémafor |
| estación (f) | станица (ж) | stánica |

| maquinista (m) | машиновођа (м) | mašinóvođa |
| maletero (m) | носач (м) | nósač |
| mozo (m) del vagón | послужитељ (м) у возу | poslúžitelj u vózu |
| pasajero (m) | путник (м) | pútnik |
| revisor (m) | контролер (м) | kontróler |

| corredor (m) | ходник (м) | hódnik |
| freno (m) de urgencia | кочница (ж) | kóčnica |

| compartimiento (m) | купе (м) | kúpe |
| litera (f) | лежај (м) | léžaj |
| litera (f) de arriba | горњи лежај (м) | górnji léžaj |
| litera (f) de abajo | доњи лежај (м) | dónji léžaj |
| ropa (f) de cama | постељина (ж) | posteljína |

| billete (m) | карта (ж) | kárta |
| horario (m) | ред (м) вожње | red vóžnje |
| pantalla (f) de información | табла (ж) | tábla |

| partir (vi) | одлазити (нг) | ódlaziti |
| partida (f) (del tren) | полазак (м) | pólazak |
| llegar (tren) | долазити (нг) | dólaziti |
| llegada (f) | долазак (м) | dólazak |
| llegar en tren | доћи возом | dóći vózom |
| tomar el tren | сести у воз | sésti u voz |

| | | |
|---|---|---|
| bajar del tren | сићи с воза | síći s vóza |
| descarrilamiento (m) | железничка несрећа (ж) | žéleznička nésreća |
| descarrilarse (vr) | исклизнути из шина | ískliznuti iz šína |
| tren (m) de vapor | парна локомотива (ж) | párna lokomotíva |
| fogonero (m) | ложач (м) | lóžač |
| hogar (m) | ложиште (с) | lóžište |
| carbón (m) | угаљ (м) | úgalj |

## 26. El barco

| | | |
|---|---|---|
| barco, buque (m) | брод (м) | brod |
| navío (m) | брод (м) | brod |
| | | |
| buque (m) de vapor | пароброд (м) | párobrod |
| motonave (f) | речни брод (м) | réčni brod |
| trasatlántico (m) | прекоокеански брод (м) | prekookéanski brod |
| crucero (m) | крстарица (ж) | krstárica |
| | | |
| yate (m) | јахта (ж) | jáhta |
| remolcador (m) | тегљач (м) | tégljač |
| barcaza (f) | шлеп (м) | šlép |
| ferry (m) | трајект (м) | trájekt |
| | | |
| velero (m) | једрењак (м) | jedrénjak |
| bergantín (m) | бригантина (ж) | brigantína |
| | | |
| rompehielos (m) | ледоломац (м) | ledolómac |
| submarino (m) | подморница (ж) | pódmornica |
| | | |
| bote (m) de remo | чамац (м) | čámac |
| bote (m) | чамац (м) | čámac |
| bote (m) salvavidas | чамац (м) за спасавање | čámac za spásavanje |
| lancha (f) motora | моторни брод (м) | mótorni brod |
| | | |
| capitán (m) | капетан (м) | kapétan |
| marinero (m) | морнар (м) | mórnar |
| marino (m) | поморац, морнар (м) | pómorac, mórnar |
| tripulación (f) | посада (ж) | pósada |
| | | |
| contramaestre (m) | вођа (м) палубе | vóđa pálube |
| grumete (m) | бродски момак (м) | bródski mómak |
| cocinero (m) de abordo | кувар (м) | kúvar |
| médico (m) del buque | бродски лекар (м) | bródski lékar |
| | | |
| cubierta (f) | палуба (ж) | páluba |
| mástil (m) | јарбол (м) | járbol |
| vela (f) | једро (с) | jédro |
| | | |
| bodega (f) | потпалубље (с) | pótpalublje |
| proa (f) | прамац (м) | prámac |

| | | |
|---|---|---|
| popa (f) | крма (ж) | kŕma |
| remo (m) | весло (с) | véslo |
| hélice (f) | бродски пропелер (м) | bródski propéler |
| | | |
| camarote (m) | кабина (ж) | kabína |
| sala (f) de oficiales | официрска менза (ж) | ofícirska ménza |
| sala (f) de máquinas | стројарница (ж) | strójarnica |
| puente (m) de mando | капетански мост (м) | kapétanski most |
| sala (f) de radio | радио кабина (ж) | rádio kabína |
| onda (f) | талас (м) | tálas |
| cuaderno (m) de bitácora | бродски дневник (м) | bródski dnévnik |
| | | |
| anteojo (m) | дурбин (м) | dúrbin |
| campana (f) | звоно (с) | zvóno |
| bandera (f) | застава (ж) | zástava |
| | | |
| cabo (m) (maroma) | конопац (м) | kónopac |
| nudo (m) | чвор (м) | čvor |
| | | |
| pasamano (m) | рукохват (м) | rúkohvat |
| pasarela (f) | рампа (ж) | rámpa |
| | | |
| ancla (f) | сидро (с) | sídro |
| levar ancla | дићи сидро | díći sídro |
| echar ancla | спустити сидро | spústiti sídro |
| cadena (f) del ancla | сидрени ланац (м) | sídreni lánac |
| | | |
| puerto (m) | лука (ж) | lúka |
| embarcadero (m) | пристаниште (с) | prístanište |
| amarrar (vt) | пристајати (нг) | prístajati |
| desamarrar (vt) | отпловити (нг) | otplóviti |
| | | |
| viaje (m) | путовање (с) | putovánje |
| crucero (m) (viaje) | крстарење (с) | krstárenje |
| derrota (f) (rumbo) | правац, курс (м) | právac, kurs |
| itinerario (m) | маршрута (ж) | maršrúta |
| | | |
| canal (m) navegable | пловни пут (м) | plóvni put |
| bajío (m) | плићак (м) | plíćak |
| encallar (vi) | насукати се | násukati se |
| | | |
| tempestad (f) | олуја (ж) | olúja |
| señal (f) | сигнал (м) | sígnal |
| hundirse (vr) | тонути (нг) | tónuti |
| ¡Hombre al agua! | Човек у мору! | Čóvek u móru! |
| SOS | СОС | SOS |
| aro (m) salvavidas | појас (м) за спасавање | pójas za spasávanje |

# LA CIUDAD

**T&P Books Publishing**

| | | |
|---|---|---|
| autobús (m) | аутобус (м) | autóbus |
| tranvía (m) | трамвај (м) | trámvaj |
| trolebús (m) | тролејбус (м) | troléjbus |
| itinerario (m) | маршрута (ж) | maršrúta |
| número (m) | број (м) | broj |
| | | |
| ir en … | ићи … | íći … |
| tomar (~ el autobús) | ући у … | úći u … |
| bajar (~ del tren) | сићи (нг), изаћи из … | síći, ízaći iz … |
| | | |
| parada (f) | станица (ж) | stánica |
| próxima parada (f) | следећа станица (ж) | slédeća stánica |
| parada (f) final | последња станица (ж) | póslednja stánica |
| horario (m) | ред (м) вожње | red vóžnje |
| esperar (aguardar) | чекати (нг, пг) | čékati |
| | | |
| billete (m) | карта (ж) | kárta |
| precio (m) del billete | цена (ж) карте | céna kárte |
| | | |
| cajero (m) | благајник (м) | blágajnik |
| control (m) de billetes | контрола (ж) | kontróla |
| revisor (m) | контролер (м) | kontróler |
| | | |
| llegar tarde (vi) | каснити (нг) | kásniti |
| perder (~ el tren) | пропустити (пг) | propústiti |
| tener prisa | журити (нг) | žúriti |
| | | |
| taxi (m) | такси (м) | táksi |
| taxista (m) | таксиста (м) | táksista |
| en taxi | таксијем | táksijem |
| parada (f) de taxi | такси станица (ж) | táksi stánica |
| llamar un taxi | позвати такси | pózvati táksi |
| tomar un taxi | узети такси | úzeti taksi |
| | | |
| tráfico (m) | саобраћај (м) | sáobraćaj |
| atasco (m) | гужва (ж) | gúžva |
| horas (f pl) de punta | шпиц (м) | špic |
| aparcar (vi) | паркирати се | parkírati se |
| aparcar (vt) | паркирати (пг) | parkírati |
| aparcamiento (m) | паркиралиште (с) | parkíralište |
| | | |
| metro (m) | метро (м) | métro |
| estación (f) | станица (ж) | stánica |
| ir en el metro | ићи метроом | íći metróom |

| | | |
|---|---|---|
| tren (m) | **воз** (м) | voz |
| estación (f) | **железничка станица** (ж) | žélezníčka stánica |

## 28. La ciudad. La vida en la ciudad

| | | |
|---|---|---|
| ciudad (f) | **град** (м) | grad |
| capital (f) | **главни град** (м), **престоница** (ж) | glávni grad, préstonica |
| aldea (f) | **село** (c) | sélo |
| | | |
| plano (m) de la ciudad | **план** (м) **града** | plan gráda |
| centro (m) de la ciudad | **центар** (м) **града** | céntar gráda |
| suburbio (m) | **предграђе** (c) | prédgrađe |
| suburbano (adj) | **приградски** | prígradski |
| | | |
| arrabal (m) | **предграђе** (c) | prédgrađe |
| afueras (f pl) | **околина** (ж) | ókolina |
| barrio (m) | **четврт** (ж) | čétvrt |
| zona (f) de viviendas | **стамбена четврт** (ж) | stámbena četvrt |
| | | |
| tráfico (m) | **саобраћај** (м) | sáobraćaj |
| semáforo (m) | **семафор** (м) | sémafor |
| transporte (m) urbano | **градски превоз** (м) | grádski prévoz |
| cruce (m) | **раскрсница** (ж) | ráskrsnica |
| | | |
| paso (m) de peatones | **пешачки прелаз** (м) | péšački prélaz |
| paso (m) subterráneo | **подземни пролаз** (м) | pódzemni prólaz |
| cruzar (vt) | **прелазити** (нг) | prélaziti |
| peatón (m) | **пешак** (м) | péšak |
| acera (f) | **тротоар** (м) | trotóar |
| | | |
| puente (m) | **мост** (м) | most |
| muelle (m) | **кеј** (м) | kej |
| fuente (f) | **чесма** (ж) | čésma |
| | | |
| alameda (f) | **алеја** (ж) | aléja |
| parque (m) | **парк** (м) | park |
| bulevar (m) | **булевар** (м) | bulévar |
| plaza (f) | **трг** (м) | tŕg |
| avenida (f) | **авенија** (ж) | avénija |
| calle (f) | **улица** (ж) | úlica |
| callejón (m) | **споредна улица** (ж) | spóredna úlica |
| callejón (m) sin salida | **ћорсокак** (м) | ćorsókak |
| | | |
| casa (f) | **кућа** (ж) | kúća |
| edificio (m) | **зграда** (ж) | zgráda |
| rascacielos (m) | **небодер** (м) | néboder |
| | | |
| fachada (f) | **фасада** (ж) | fasáda |
| techo (m) | **кров** (м) | krov |

| | | |
|---|---|---|
| ventana (f) | прозор (м) | prózor |
| arco (m) | лук (м) | luk |
| columna (f) | колона (ж) | kolóna |
| esquina (f) | угао, ћошак (м) | úgao, ćóšak |
| | | |
| escaparate (f) | излог (м) | ízlog |
| letrero (m) (~ luminoso) | натпис (м) | nátpis |
| cartel (m) | плакат (м) | plákat |
| cartel (m) publicitario | рекламни постер (м) | réklamni póster |
| valla (f) publicitaria | билборд (м) | bílbord |
| | | |
| basura (f) | смеће, ђубре (c) | smeće, đúbre |
| cajón (m) de basura | корпа (ж) за смеће | kórpa za smeće |
| tirar basura | бацати ђубре | bácati đúbre |
| basurero (m) | депонија (ж) | depónija |
| | | |
| cabina (f) telefónica | говорница (ж) | góvornica |
| farola (f) | стуб (м) | stub |
| banco (m) (del parque) | клупа (ж) | klúpa |
| | | |
| policía (m) | полицајац (м) | policájac |
| policía (f) (~ nacional) | полиција (ж) | polícija |
| mendigo (m) | просјак (м) | prósjak |
| persona (f) sin hogar | бескућник (м) | béskućnik |

## 29. Las instituciones urbanas

| | | |
|---|---|---|
| tienda (f) | продавница (ж) | pródavnica |
| farmacia (f) | апотека (ж) | apotéka |
| óptica (f) | оптика (ж) | óptika |
| centro (m) comercial | тржни центар (м) | tŕžni céntar |
| supermercado (m) | супермаркет (м) | supermárket |
| | | |
| panadería (f) | пекара (ж) | pékara |
| panadero (m) | пекар (м) | pékar |
| pastelería (f) | посластичарница (ж) | poslastičárnica |
| tienda (f) de comestibles | бакалница (ж) | bakálnica |
| carnicería (f) | месара (ж) | mésara |
| | | |
| verdulería (f) | пиљарница (ж) | píljarnica |
| mercado (m) | пијаца (ж) | píjaca |
| | | |
| cafetería (f) | кафић (м), кафана (ж) | káfić, kafána |
| restaurante (m) | ресторан (м) | restóran |
| cervecería (f) | пивница (ж) | pívnica |
| pizzería (f) | пицерија (ж) | picérija |
| | | |
| peluquería (f) | фризерски салон (м) | frízerski sálon |
| oficina (f) de correos | пошта (ж) | póšta |
| tintorería (f) | хемијско чишћење (c) | hémijsko číšćenje |

| | | |
|---|---|---|
| estudio (m) fotográfico | фото атеље (м) | fóto atélje |
| zapatería (f) | продавница (ж) обуће | pródavnica óbuće |
| librería (f) | књижара (ж) | knjížara |
| tienda (f) deportiva | спортска радња (ж) | spórtska rádnja |
| | | |
| arreglos (m pl) de ropa | поправка (ж) одеће | pópravka ódeće |
| alquiler (m) de ropa | изнајмљивање (c) одеће | iznajmljívanje ódeće |
| videoclub (m) | изнајмљивање (c) филмова | iznajmljívanje fílmova |
| | | |
| circo (m) | циркус (м) | církus |
| zoológico (m) | зоолошки врт (м) | zoóloški vŕt |
| cine (m) | биоскоп (м) | bíoskop |
| museo (m) | музеј (м) | múzej |
| biblioteca (f) | библиотека (ж) | bibliotéka |
| teatro (m) | позориште (c) | pózorište |
| ópera (f) | опера (ж) | ópera |
| club (m) nocturno | ноћни клуб (м) | nóćni klub |
| casino (m) | коцкарница (ж) | kóckarnica |
| | | |
| mezquita (f) | џамија (ж) | džámija |
| sinagoga (f) | синагога (ж) | sinagóga |
| catedral (f) | катедрала (ж) | katedrála |
| templo (m) | храм (м) | hram |
| iglesia (f) | црква (ж) | cŕkva |
| | | |
| instituto (m) | институт (м) | instítut |
| universidad (f) | универзитет (м) | univerzitét |
| escuela (f) | школа (ж) | škóla |
| | | |
| prefectura (f) | управа (ж) | úprava |
| alcaldía (f) | градска кућа (ж) | grádska kúća |
| hotel (m) | хотел (м) | hótel |
| banco (m) | банка (ж) | bánka |
| | | |
| embajada (f) | амбасада (ж) | ambasáda |
| agencia (f) de viajes | туристичка агенција (ж) | turística agéncija |
| oficina (f) de información | биро (c) за информације | bíro za informácije |
| oficina (f) de cambio | мењачница (ж) | menjáčnica |
| | | |
| metro (m) | метро (м) | métro |
| hospital (m) | болница (ж) | bólnica |
| | | |
| gasolinera (f) | бензинска станица (ж) | bénzinska stánica |
| aparcamiento (m) | паркиралиште (c) | parkíralište |

## 30. Los avisos

| | | |
|---|---|---|
| letrero (m) (~ luminoso) | натпис (м) | nátpis |
| cartel (m) (texto escrito) | натпис (м) | nátpis |

| | | |
|---|---|---|
| pancarta (f) | плакат (м) | plákat |
| señal (m) de dirección | путоказ (м) | pútokaz |
| flecha (f) (signo) | стрелица (ж) | strélica |
| | | |
| advertencia (f) | упозорење (с) | upozorénje |
| aviso (m) | знак (м) упозорења | znak upozorénja |
| advertir (vt) | упозорити (пг) | upozóriti |
| | | |
| día (m) de descanso | слободан дан (м) | slóbodan dan |
| horario (m) | распоред (м) | ráspored |
| horario (m) de apertura | радно време (с) | rádno vréme |
| | | |
| ¡BIENVENIDOS! | ДОБРО ДОШЛИ! | DOBRO DOŠLI! |
| ENTRADA | УЛАЗ | ULAZ |
| SALIDA | ИЗЛАЗ | IZLAZ |
| | | |
| EMPUJAR | ГУРАЈ | GURAJ |
| TIRAR | ВУЦИ | VUCI |
| ABIERTO | ОТВОРЕНО | OTVORENO |
| CERRADO | ЗАТВОРЕНО | ZATVORENO |
| | | |
| MUJERES | ЖЕНЕ | ŽENE |
| HOMBRES | МУШКАРЦИ | MUŠKARCI |
| REBAJAS | ПОПУСТИ | POPUSTI |
| SALDOS | РАСПРОДАЈА | RASPRODAJA |
| NOVEDAD | НОВО! | NOVO! |
| GRATIS | БЕСПЛАТНО | BESPLATNO |
| | | |
| ¡ATENCIÓN! | ПАЖЊА! | PAŽNJA! |
| COMPLETO | НЕМА СЛОБОДНИХ СОБА | NEMA SLOBODNIH SOBA |
| RESERVADO | РЕЗЕРВИСАНО | REZERVISANO |
| | | |
| ADMINISTRACIÓN | УПРАВА | UPRAVA |
| SÓLO PERSONAL AUTORIZADO | САМО ЗА ОСОБЉЕ | SAMO ZA OSOBLJE |
| | | |
| CUIDADO CON EL PERRO | ЧУВАЈ СЕ ПСА | ČUVAJ SE PSA |
| PROHIBIDO FUMAR | ЗАБРАЊЕНО ПУШЕЊЕ | ZABRANJENO PUŠENJE |
| NO TOCAR | НЕ ДИРАТИ | NE DIRATI |
| | | |
| PELIGROSO | ОПАСНО | OPASNO |
| PELIGRO | ОПАСНОСТ | OPASNOST |
| ALTA TENSIÓN | ВИСОКИ НАПОН | VISOKI NAPON |
| PROHIBIDO BAÑARSE | ЗАБРАЊЕНО КУПАЊЕ | ZABRANJENO KUPANJE |
| NO FUNCIONA | НЕ РАДИ | NE RADI |
| | | |
| INFLAMABLE | ЗАПАЉИВО | ZAPALJIVO |
| PROHIBIDO | ЗАБРАЊЕНО | ZABRANJENO |
| PROHIBIDO EL PASO | ЗАБРАЊЕН ПРОЛАЗ | ZABRANJEN PROLAZ |
| RECIÉN PINTADO | СВЕЖЕ ОФАРБАНО | SVEŽE OFARBANO |

# 31. Las compras

| | | |
|---|---|---|
| comprar (vt) | куповати (пг) | kupóvati |
| compra (f) | куповина (ж) | kupóvina |
| hacer compras | ићи у шопинг | íći u šóping |
| compras (f pl) | куповина (ж) | kupóvina |
| estar abierto (tienda) | бити отворен | bíti ótvoren |
| estar cerrado | бити затворен | bíti zátvoren |
| calzado (m) | обућа (ж) | óbuća |
| ropa (f) | одећа (ж) | ódeća |
| cosméticos (m pl) | козметика (ж) | kozmétika |
| productos alimenticios | намирнице (мн) | námirnice |
| regalo (m) | поклон (м) | póklon |
| vendedor (m) | продавач (м) | prodávač |
| vendedora (f) | продавачица (ж) | prodaváčica |
| caja (f) | благајна (ж) | blágajna |
| espejo (m) | огледало (с) | oglédalo |
| mostrador (m) | тезга (ж) | tézga |
| probador (m) | кабина (ж) | kabína |
| probar (un vestido) | пробати (пг) | próbati |
| quedar (una ropa, etc.) | пристајати (нг) | prístajati |
| gustar (vi) | свиђати се | svíđati se |
| precio (m) | цена (ж) | céna |
| etiqueta (f) de precio | ценовник (м) | cénovnik |
| costar (vt) | коштати (нг) | kóštati |
| ¿Cuánto? | Колико? | Kolíko? |
| descuento (m) | попуст (м) | pópust |
| no costoso (adj) | није скуп | níje skup |
| barato (adj) | јефтин | jéftin |
| caro (adj) | скуп | skup |
| Es caro | То је скупо | To je skúpo |
| alquiler (m) | изнајмљивање (с) | iznajmljívanje |
| alquilar (vt) | изнајмити (пг) | iznájmiti |
| crédito (m) | кредит (м) | krédit |
| a crédito (adv) | на кредит | na krédit |

T&P BOOKS

# LA ROPA Y
# LOS ACCESORIOS

T&P Books Publishing

## 32. La ropa exterior. Los abrigos

| | | |
|---|---|---|
| ropa (f) | одећа (ж) | ódeća |
| ropa (f) de calle | горња одећа (ж) | górnja ódeća |
| ropa (f) de invierno | зимска одећа (ж) | zímska ódeća |
| | | |
| abrigo (m) | капут (м) | káput |
| abrigo (m) de piel | бунда (ж) | búnda |
| abrigo (m) corto de piel | кратка бунда (ж) | krátka búnda |
| chaqueta (f) plumón | перјана јакна (ж) | pérjana jákna |
| | | |
| cazadora (f) | јакна (ж) | jákna |
| impermeable (m) | кишни мантил (м) | kíšni mántil |
| impermeable (adj) | водоотпоран | vodoótporan |

## 33. Ropa de hombre y mujer

| | | |
|---|---|---|
| camisa (f) | кошуља (ж) | kóšulja |
| pantalones (m pl) | панталоне (мн) | pantalóne |
| jeans, vaqueros (m pl) | фармерке (мн) | fármerke |
| chaqueta (f), saco (m) | сако (м) | sáko |
| traje (m) | одело (с) | odélo |
| | | |
| vestido (m) | хаљина (ж) | háljina |
| falda (f) | сукња (ж) | súknja |
| blusa (f) | блуза (ж) | blúza |
| rebeca (f), chaqueta (f) de punto | џемпер (м) | džémper |
| chaqueta (f) | жакет (м) | žáket |
| | | |
| camiseta (f) (T-shirt) | мајица (ж) | májica |
| pantalones (m pl) cortos | шорц, шортс (м) | šorc, šorts |
| traje (m) deportivo | спортски костим (м) | spórtski kóstim |
| bata (f) de baño | баде мантил (м) | báde mántil |
| pijama (m) | пиџама (ж) | pidžáma |
| | | |
| suéter (m) | џемпер (м) | džémper |
| pulóver (m) | пуловер (м) | pulóver |
| | | |
| chaleco (m) | прслук (м) | pŕsluk |
| frac (m) | фрак (м) | frak |
| esmoquin (m) | смокинг (м) | smóking |
| uniforme (m) | униформа (ж) | úniforma |
| ropa (f) de trabajo | радна одећа (ж) | rádna ódeća |

| | | |
|---|---|---|
| mono (m) | комбинезон (м) | kombinézon |
| bata (f) (p. ej. ~ blanca) | мантил (м) | mántil |

## 34. La ropa. La ropa interior

| | | |
|---|---|---|
| ropa (f) interior | доње рубље (c) | dónje rúblje |
| bóxer (m) | мушке гаће (мн) | múške gáće |
| bragas (f pl) | гаћице (мн) | gáćice |
| camiseta (f) interior | мајица (ж) | májica |
| calcetines (m pl) | чарапе (мн) | čárape |
| | | |
| camisón (m) | спаваћица (ж) | spavaćica |
| sostén (m) | грудњак (м) | grúdnjak |
| calcetines (m pl) altos | доколенице (мн) | dokolénice |
| pantimedias (f pl) | хулахопке (мн) | húlahopke |
| medias (f pl) | чарапе (мн) | čárape |
| traje (m) de baño | купаћи костим (м) | kúpaći kóstim |

## 35. Gorras

| | | |
|---|---|---|
| gorro (m) | капа (ж) | kápa |
| sombrero (m) de fieltro | шешир (м) | šéšir |
| gorra (f) de béisbol | бејзбол качкет (м) | béjzbol káčket |
| gorra (f) plana | енглеска капа (ж), качкет (м) | éngleska kápa, káčket |
| | | |
| boina (f) | берета, беретка (ж) | beréta, beretka |
| capuchón (m) | капуљача (ж) | kapúljača |
| panamá (m) | панама-шешир (м) | panáma-šéšir |
| gorro (m) de punto | плетена капа (ж) | plétena kápa |
| | | |
| pañuelo (m) | марама (ж) | márama |
| sombrero (m) de mujer | женски шешир (м) | žénski šéšir |
| | | |
| casco (m) (~ protector) | кацига (ж), шлем (м) | káciga, šlem |
| gorro (m) de campaña | титовка (ж) | títovka |
| casco (m) (~ de moto) | шлем (м) | šlem |
| bombín (m) | полуцилиндар (м) | pólucilindar |
| sombrero (m) de copa | цилиндар (м) | cilíndar |

## 36. El calzado

| | | |
|---|---|---|
| calzado (m) | обућа (ж) | óbuća |
| botas (f pl) | ципеле (мн) | cípele |
| zapatos (m pl) (~ de tacón bajo) | ципеле (мн) | cípele |

| | | |
|---|---|---|
| botas (f pl) altas | чизме (мн) | čízme |
| zapatillas (f pl) | папуче (мн) | pápuče |
| | | |
| tenis (m pl) | патике (мн) | pátike |
| zapatillas (f pl) de lona | патике (мн) | pátike |
| sandalias (f pl) | сандале (мн) | sandále |
| | | |
| zapatero (m) | обућар (м) | óbućar |
| tacón (m) | потпетица (ж) | pótpetica |
| par (m) | пар (м) | par |
| | | |
| cordón (m) | пертла (ж) | pértla |
| encordonar (vt) | шнирати (пг) | šnírati |
| | | |
| calzador (m) | кашика (ж) за ципеле | kášika za cípele |
| betún (m) | крема (ж) за обућу | kréma za óbuću |

## 37. Accesorios personales

| | | |
|---|---|---|
| guantes (m pl) | рукавице (мн) | rukávice |
| manoplas (f pl) | рукавице (мн) с једним прстом | rukávice s jednim prstom |
| bufanda (f) | шал (м) | šal |
| | | |
| gafas (f pl) | наочаре (мн) | náočare |
| montura (f) | оквир (м) | ókvir |
| paraguas (m) | кишобран (м) | kíšobran |
| bastón (m) | штап (м) | štap |
| | | |
| cepillo (m) de pelo | четка (ж) за косу | čétka za kósu |
| abanico (m) | лепеза (ж) | lepéza |
| | | |
| corbata (f) | краватa (ж) | kraváta |
| pajarita (f) | лептир машна (ж) | léptir mášna |
| | | |
| tirantes (m pl) | трегери (мн) | trégeri |
| moquero (m) | џепна марамица (ж) | džépna máramica |
| | | |
| peine (m) | чешаљ (м) | čéšalj |
| pasador (m) de pelo | шнала (ж) | šnála |
| | | |
| horquilla (f) | укосница (ж) | úkosnica |
| hebilla (f) | копча (ж) | kópča |
| | | |
| cinturón (m) | каиш (м) | káiš |
| correa (f) (de bolso) | каиш (м) | káiš |
| | | |
| bolsa (f) | торба (ж) | tórba |
| bolso (m) | ташна (ж) | tášna |
| mochila (f) | ранац (м) | ránac |

## 38. La ropa. Miscelánea

| | | |
|---|---|---|
| moda (f) | мода (ж) | móda |
| de moda (adj) | модеран | móderan |
| diseñador (m) de moda | модни креатор (м) | módni kreátor |
| | | |
| cuello (m) | овратник (м) | óvratnik |
| bolsillo (m) | џеп (м) | džep |
| de bolsillo (adj) | џепни | džépni |
| manga (f) | рукав (м) | rúkav |
| presilla (f) | вешалица (ж) | véšalica |
| bragueta (f) | шлиц (м) | šlic |
| | | |
| cremallera (f) | рајсфершлус (м) | rájsferšlus |
| cierre (m) | копча (ж) | kópča |
| botón (m) | дугме (с) | dúgme |
| ojal (m) | рупица (ж) | rúpica |
| saltar (un botón) | откинути се | ótkinuti se |
| | | |
| coser (vi, vt) | шити (нг, пг) | šíti |
| bordar (vt) | вести (нг, пг) | vésti |
| bordado (m) | вез (м) | vez |
| aguja (f) | игла (ж) | ígla |
| hilo (m) | конац (м) | kónac |
| costura (f) | шав (м) | šav |
| | | |
| ensuciarse (vr) | испрљати се | ispŕljati se |
| mancha (f) | мрља (ж) | mŕlja |
| arrugarse (vr) | изгужвати се | izgúžvati se |
| rasgar (vt) | цепати (пг) | cépati |
| polilla (f) | мољац (м) | móljac |

## 39. Productos personales. Cosméticos

| | | |
|---|---|---|
| pasta (f) de dientes | паста (ж) за зубе | pásta za zúbe |
| cepillo (m) de dientes | четкица (ж) за зубе | čétkica za zúbe |
| limpiarse los dientes | прати зубе | práti zúbe |
| | | |
| maquinilla (f) de afeitar | бријач (м) | bríjač |
| crema (f) de afeitar | крема (ж) за бријање | kréma za bríjanje |
| afeitarse (vr) | бријати се | bríjati se |
| | | |
| jabón (m) | сапун (м) | sápun |
| champú (m) | шампон (м) | šámpon |
| | | |
| tijeras (f pl) | маказе (мн) | mákaze |
| lima (f) de uñas | турпија (ж) за нокте | túrpija za nokte |
| cortaúñas (m pl) | грицкалица (ж) за нокте | gríckalica za nókte |
| pinzas (f pl) | пинцета (ж) | pincéta |

| | | |
|---|---|---|
| cosméticos (m pl) | козметика (ж) | kozmétika |
| mascarilla (f) | маска (ж) | máska |
| manicura (f) | маникир (м) | mánikir |
| hacer la manicura | радити маникир | ráditi mánikir |
| pedicura (f) | педикир (м) | pédikir |
| | | |
| bolsa (f) de maquillaje | козметичка торбица (ж) | kozmétička tórbica |
| polvos (m pl) | пудер (м) | púder |
| polvera (f) | пудријера (ж) | pudrijéra |
| colorete (m), rubor (m) | руменило (c) | ruménilo |
| | | |
| perfume (m) | парфем (м) | párfem |
| agua (f) de tocador | тоалетна вода (ж) | tóaletna vóda |
| loción (f) | лосион (м) | lósion |
| agua (f) de Colonia | колоњска вода (ж) | kólonjska vóda |
| | | |
| sombra (f) de ojos | сенка (ж) за очи | sénka za óči |
| lápiz (m) de ojos | оловка (ж) за очи | ólovka za óči |
| rímel (m) | маскара (ж) | máskara |
| | | |
| pintalabios (m) | кармин (м) | kármin |
| esmalte (m) de uñas | лак (м) за нокте | lak za nókte |
| fijador (m) para el pelo | лак (м) за косу | lak za kósu |
| desodorante (m) | дезодоранс (м) | dezodórans |
| | | |
| crema (f) | крема (ж) | kréma |
| crema (f) de belleza | крема (ж) за лице | kréma za líce |
| crema (f) de manos | крема (ж) за руке | kréma za rúke |
| crema (f) antiarrugas | крема (ж) против бора | kréma prótiv bóra |
| crema (f) de día | дневна крема (ж) | dnévna kréma |
| crema (f) de noche | ноћна крема (ж) | nócna kréma |
| de día (adj) | дневни | dnévni |
| de noche (adj) | ноћни | nócni |
| | | |
| tampón (m) | тампон (м) | támpon |
| papel (m) higiénico | тоалет-папир (м) | toálet-pápir |
| secador (m) de pelo | фен (м) | fen |

## 40. Los relojes

| | | |
|---|---|---|
| reloj (m) | сат (м) | sat |
| esfera (f) | бројчаник (м) | brojčánik |
| aguja (f) | казаљка (ж) | kázaljka |
| pulsera (f) | наруквица (ж) | nárukvica |
| correa (f) (del reloj) | каиш (м) за сат | káiš za sat |
| | | |
| pila (f) | батерија (ж) | báterija |
| descargarse (vr) | испразнити се | isprázniti se |
| cambiar la pila | заменити батерију | zaméniti batériju |
| adelantarse (vr) | журити (нг) | žúriti |

| retrasarse (vr) | заостајати (нг) | zaóstajati |
| reloj (m) de pared | зидни сат (м) | zídni sat |
| reloj (m) de arena | пешчани сат (м) | péščani sat |
| reloj (m) de sol | сунчани сат (м) | súnčani sat |
| despertador (m) | будилник (м) | búdilnik |
| relojero (m) | часовничар (м) | čásovničar |
| reparar (vt) | поправљати (пг) | pópravljati |

TGP BOOKS

# LA EXPERIENCIA DIARIA

T&P Books Publishing

| | | |
|---|---|---|
| dinero (m) | новац (м) | nóvac |
| cambio (m) | размена (ж) | rázmena |
| curso (m) | курс (м) | kurs |
| cajero (m) automático | банкомат (м) | bánkomat |
| moneda (f) | новчић (м) | nóvčić |
| | | |
| dólar (m) | долар (м) | dólar |
| euro (m) | евро (м) | évro |
| | | |
| lira (f) | италијанска лира (ж) | itálijanska líra |
| marco (m) alemán | немачка марка (ж) | némačka márka |
| franco (m) | франак (м) | frának |
| libra esterlina (f) | фунта (ж) | fúnta |
| yen (m) | јен (м) | jen |
| | | |
| deuda (f) | дуг (м) | dug |
| deudor (m) | дужник (м) | dúžnik |
| prestar (vt) | посудити | posúditi |
| tomar prestado | позајмити (пг) | pozájmiti |
| | | |
| banco (m) | банка (ж) | bánka |
| cuenta (f) | рачун (м) | ráčun |
| ingresar (~ en la cuenta) | положити (пг) | polóžiti |
| ingresar en la cuenta | положити на рачун | polóžiti na ráčun |
| sacar de la cuenta | подићи са рачуна | pódići sa račúna |
| | | |
| tarjeta (f) de crédito | кредитна картица (ж) | kréditna kártica |
| dinero (m) en efectivo | готовина (ж) | gótovina |
| cheque (m) | чек (м) | ček |
| sacar un cheque | написати чек | napísati ček |
| talonario (m) | чековна књижица (ж) | čékovna knjížica |
| | | |
| cartera (f) | новчаник (м) | novčánik |
| monedero (m) | новчаник (м) | novčánik |
| caja (f) fuerte | сеф (м) | sef |
| | | |
| heredero (m) | наследник (м) | násldnik |
| herencia (f) | наследство (с) | následstvo |
| fortuna (f) | богатство (с) | bogátstvo |
| | | |
| arriendo (m) | закуп, најам (м) | zákup, nájam |
| alquiler (m) (dinero) | станарина (ж) | stánarina |
| alquilar (~ una casa) | изнајмити (пг) | iznájmiti |
| precio (m) | цена (ж) | céna |

| | | |
|---|---|---|
| coste (m) | вредност (ж) | vrédnost |
| suma (f) | износ (м) | íznos |
| | | |
| gastar (vt) | трошити (пг) | tróšiti |
| gastos (m pl) | трошкови (мн) | tróškovi |
| economizar (vi, vt) | штедети (нг, пг) | štédeti |
| económico (adj) | штедљив | štédljiv |
| | | |
| pagar (vi, vt) | платити (нг, пг) | plátiti |
| pago (m) | плаћање (с) | pláćanje |
| cambio (m) (devolver el ~) | кусур (м) | kúsur |
| | | |
| impuesto (m) | порез (м) | pórez |
| multa (f) | новчана казна (ж) | nóvčana kázna |
| multar (vt) | кажњавати (пг) | kažnjávati |

## 42. La oficina de correos

| | | |
|---|---|---|
| oficina (f) de correos | пошта (ж) | póšta |
| correo (m) (cartas, etc.) | пошта (ж) | póšta |
| cartero (m) | поштар (м) | póštar |
| horario (m) de apertura | радно време (с) | rádno vréme |
| | | |
| carta (f) | писмо (с) | písmo |
| carta (f) certificada | препоручено писмо (с) | préporučeno písmo |
| tarjeta (f) postal | разгледница (ж) | rázglednica |
| telegrama (m) | телеграм (м) | télegram |
| paquete (m) postal | пакет (м) | páket |
| giro (m) postal | пренос (м) новца | prénos nóvca |
| | | |
| recibir (vt) | примити (пг) | prímiti |
| enviar (vt) | послати (пг) | póslati |
| envío (m) | слање (с) | slánje |
| dirección (f) | адреса (ж) | adrésa |
| código (m) postal | поштански број (м) | póštanski broj |
| expedidor (m) | пошиљалац (м) | póšiljalac |
| destinatario (m) | прималац (м) | prímalac |
| | | |
| nombre (m) | име (с) | íme |
| apellido (m) | презиме (с) | prézime |
| | | |
| tarifa (f) | тарифа (ж) | tarífa |
| ordinario (adj) | обичан | óbičan |
| económico (adj) | економичан | ekónomičan |
| | | |
| peso (m) | тежина (ж) | težína |
| pesar (~ una carta) | вагати (пг) | vágati |
| sobre (m) | коверат (м) | kovérat |
| sello (m) | поштанска марка (ж) | poštanska márka |
| poner un sello | лепити марку | lépiti márku |

## 43. La banca

| | | |
|---|---|---|
| banco (m) | банка (ж) | bánka |
| sucursal (f) | експозитура (ж) | ekspozitúra |
| | | |
| consultor (m) | банкарски службеник (m) | bánkarski slúžbenik |
| gerente (m) | менаџер (m) | ménadžer |
| | | |
| cuenta (f) | рачун (m) | ráčun |
| numero (m) de la cuenta | број (m) рачуна | broj račúna |
| cuenta (f) corriente | текући рачун (m) | tékući ráčun |
| cuenta (f) de ahorros | штедни рачун (m) | štédni ráčun |
| | | |
| abrir una cuenta | отворити рачун | ótvoriti ráčun |
| cerrar la cuenta | затворити рачун | zatvóriti ráčun |
| ingresar en la cuenta | поставити на рачун | póstaviti na ráčun |
| sacar de la cuenta | подићи са рачуна | pódići sa račúna |
| | | |
| depósito (m) | депозит (m) | depózit |
| hacer un depósito | ставити новац на рачун | stáviti nóvac na ráčun |
| giro (m) bancario | трансфер (m) новца | tránsfer nóvca |
| hacer un giro | послати новац | póslati nóvac |
| | | |
| suma (f) | износ (m) | íznos |
| ¿Cuánto? | Колико? | Kolíko? |
| | | |
| firma (f) (nombre) | потпис (m) | pótpis |
| firmar (vt) | потписати (пг) | potpísati |
| | | |
| tarjeta (f) de crédito | кредитна картица (ж) | kréditna kártica |
| código (m) | код (m) | kod |
| número (m) de tarjeta de crédito | број (m) кредитне картице | broj kréditne kártice |
| cajero (m) automático | банкомат (m) | bánkomat |
| | | |
| cheque (m) | чек (m) | ček |
| sacar un cheque | написати чек | napísati ček |
| talonario (m) | чековна књижица (ж) | čékovna knjížica |
| | | |
| crédito (m) | кредит (m) | krédit |
| pedir el crédito | затражити кредит | zátražiti krédit |
| obtener un crédito | узимати кредит | uzímati krédit |
| conceder un crédito | давати кредит | dávati krédit |
| garantía (f) | гаранција (ж) | garáncija |

## 44. El teléfono. Las conversaciones telefónicas

| | | |
|---|---|---|
| teléfono (m) | телефон (m) | teléfon |
| teléfono (m) móvil | мобилни телефон (m) | móbilni teléfon |

| contestador (m) | секретарица (ж) | sekretárica |
| llamar, telefonear | звати (пг) | zváti |
| llamada (f) | позив (м) | póziv |

| marcar un número | позвати број | pózvati broj |
| ¿Sí?, ¿Dígame? | Хало! | Hálo! |
| preguntar (vt) | упитати (пг) | upítati |
| responder (vi, vt) | јавити се | jáviti se |

| oír (vt) | чути (нг, пг) | čúti |
| bien (adv) | добро | dóbro |
| mal (adv) | лоше | loše |
| ruidos (m pl) | сметње (мн) | smétnje |

| auricular (m) | слушалица (ж) | slúšalica |
| descolgar (el teléfono) | подићи слушалицу | pódići slúšalicu |
| colgar el auricular | спустити слушалицу | spústiti slúšalicu |

| ocupado (adj) | заузето | záuzeto |
| sonar (teléfono) | звонити (нг) | zvóniti |
| guía (f) de teléfonos | телефонски именик (м) | teléfonski ímenik |

| local (adj) | локалан | lókalan |
| llamada (f) local | локални позив (м) | lókalni póziv |
| de larga distancia | међуградски | međugrádski |
| llamada (f) | међуградски позив (м) | međugrádski póziv |
| de larga distancia | | |
| internacional (adj) | међународни | međunárodni |
| llamada (f) internacional | међународни позив (м) | međunárodni póziv |

## 45. El teléfono celular

| teléfono (m) móvil | мобилни телефон (м) | móbilni teléfon |
| pantalla (f) | дисплеј (м) | displéj |
| botón (m) | дугме (с) | dúgme |
| tarjeta SIM (f) | СИМ картица (ж) | SIM kártica |

| pila (f) | батерија (ж) | báterija |
| descargarse (vr) | испразнити се | isprázniti se |
| cargador (m) | пуњач (м) | púnjač |

| menú (m) | мени (м) | méni |
| preferencias (f pl) | подешавања (мн) | podešávanja |
| melodía (f) | мелодија (ж) | mélodija |
| seleccionar (vt) | изабрати (пг) | izábrati |

| calculadora (f) | калкулатор (м) | kalkulátor |
| contestador (m) | говорна пошта (ж) | góvorna póšta |
| despertador (m) | будилник (м) | búdilnik |
| contactos (m pl) | контакти (мн) | kóntakti |

| mensaje (m) de texto | СМС порука (ж) | SMS póruka |
| abonado (m) | претплатник (м) | prétplatnik |

## 46. Los artículos de escritorio. La papelería

| bolígrafo (m) | хемијска оловка (ж) | hémijska ólovka |
| pluma (f) estilográfica | наливперо (c) | nálivpero |
| | | |
| lápiz (m) | оловка (ж) | ólovka |
| marcador (m) | маркер (м) | márker |
| rotulador (m) | фломастер (м) | flómaster |
| | | |
| bloc (m) de notas | нотес (м) | nótes |
| agenda (f) | роковник (м) | rokóvnik |
| | | |
| regla (f) | лењир (м) | lénjir |
| calculadora (f) | калкулатор (м) | kalkulátor |
| goma (f) de borrar | гумица (ж) | gúmica |
| chincheta (f) | пајснадла (ж) | pájsnadla |
| clip (m) | спајалица (ж) | spájalica |
| | | |
| cola (f), pegamento (m) | лепак (м) | lépak |
| grapadora (f) | хефталица (ж) | héftalica |
| perforador (m) | бушилица (ж) за папир | búšilica za pápir |
| sacapuntas (m) | резач (м) | rézač |

## 47. Los idiomas extranjeros

| lengua (f) | језик (м) | jézik |
| extranjero (adj) | стран | stran |
| lengua (f) extranjera | страни језик (м) | stráni jézik |
| estudiar (vt) | студирати (пг) | studírati |
| aprender (ingles, etc.) | учити (пг) | účiti |
| | | |
| leer (vi, vt) | читати (нг, пг) | čítati |
| hablar (vi, vt) | говорити (нг) | govóriti |
| comprender (vt) | разумевати (пг) | razumévati |
| escribir (vt) | писати (пг) | písati |
| | | |
| rápidamente (adv) | брзо | bŕzo |
| lentamente (adv) | споро, полако | spóro, poláko |
| con fluidez (adv) | течно | téčno |
| | | |
| reglas (f pl) | правила (мн) | právila |
| gramática (f) | граматика (ж) | gramátika |
| vocabulario (m) | лексикон (м) | léksikon |
| fonética (f) | фонетика (ж) | fonétika |
| manual (m) | уџбеник (м) | údžbenik |

| | | |
|---|---|---|
| diccionario (m) | речник (м) | réčnik |
| manual (m) autodidáctico | приручник (м) | príručnik |
| guía (f) de conversación | приручник (м) за конверзацију | príručnik za konverzáciju |
| | | |
| casete (m) | касета (ж) | kaséta |
| videocasete (f) | видео касета (ж) | vídeo kaséta |
| disco compacto, CD (m) | ЦД диск (м) | CD disk |
| DVD (m) | ДВД (м) | DVD |
| | | |
| alfabeto (m) | азбука, абецеда (ж) | ázbuka, abecéda |
| deletrear (vt) | спеловати (пг) | spélovati |
| pronunciación (f) | изговор (м) | ízgovor |
| | | |
| acento (m) | нагласак (м) | náglasak |
| con acento | са нагласком | sa náglaskom |
| sin acento | без нагласка | bez náglaska |
| | | |
| palabra (f) | реч (ж) | reč |
| significado (m) | смисао (м) | smísao |
| | | |
| cursos (m pl) | течај (м) | téčaj |
| inscribirse (vr) | уписати се | upísati se |
| profesor (m) (~ de inglés) | професор (м) | prófesor |
| | | |
| traducción (f) (proceso) | превођење (с) | prevóđenje |
| traducción (f) (texto) | превод (м) | prévod |
| traductor (m) | преводилац (м) | prevódilac |
| intérprete (m) | преводилац (м) | prevódilac |
| | | |
| políglota (m) | полиглота (м) | poliglóta |
| memoria (f) | памћење (с) | pámćenje |

# T&P BOOKS

# LAS COMIDAS.
# EL RESTAURANTE

**T&P Books Publishing**

## 48. Los cubiertos

| cuchara (f) | кашика (ж) | kášika |
| cuchillo (m) | нож (м) | nož |
| tenedor (m) | виљушка (ж) | víljuška |
| | | |
| taza (f) | шоља (ж) | šólja |
| plato (m) | тањир (м) | tánjir |
| platillo (m) | тацна (ж) | tácna |
| servilleta (f) | салвета (ж) | salvéta |
| mondadientes (m) | чачкалица (ж) | čáčkalica |

## 49. El restaurante

| restaurante (m) | ресторан (м) | restóran |
| cafetería (f) | кафић (м), кафана (ж) | káfić, kafána |
| bar (m) | бар (м) | bar |
| salón (m) de té | чајџиница (ж) | čájdžinica |
| | | |
| camarero (m) | конобар (м) | kónobar |
| camarera (f) | конобарица (ж) | konobárica |
| barman (m) | бармен (м) | bármen |
| carta (f), menú (m) | јеловник (м) | jélovnik |
| carta (f) de vinos | винска карта (ж) | vínska kárta |
| reservar una mesa | резервисати сто | rezervísati sto |
| | | |
| plato (m) | јело (с) | jélo |
| pedir (vt) | наручити (пг) | narúčiti |
| hacer un pedido | наручити | narúčiti |
| aperitivo (m) | аперитив (м) | áperitiv |
| entremés (m) | предјело (с) | prédjelo |
| postre (m) | десерт (м) | désert |
| | | |
| cuenta (f) | рачун (м) | ráčun |
| pagar la cuenta | платити рачун | plátiti ráčun |
| dar la vuelta | вратити кусур | vrátiti kúsur |
| propina (f) | бакшиш (м) | bákšiš |

## 50. Las comidas

| comida (f) | храна (ж) | hrána |
| comer (vi, vt) | јести (нг, пг) | jésti |

| | | |
|---|---|---|
| desayuno (m) | доручак (м) | dóručak |
| desayunar (vi) | доручковати (нг) | dóručkovati |
| almuerzo (m) | ручак (м) | rúčak |
| almorzar (vi) | ручати (нг) | rúčati |
| cena (f) | вечера (ж) | véčera |
| cenar (vi) | вечерати (нг) | véčerati |
| | | |
| apetito (m) | апетит (м) | apétit |
| ¡Que aproveche! | Пријатно! | Príjatno! |
| | | |
| abrir (vt) | отварати (пг) | otvárati |
| derramar (líquido) | пролити (пг) | próliti |
| derramarse (líquido) | пролити се | próliti se |
| | | |
| hervir (vi) | кључати (нг) | kljúčati |
| hervir (vt) | кључати (пг) | kljúčati |
| hervido (agua ~a) | кувани | kúvani |
| enfriar (vt) | охладити (пг) | ohláditi |
| enfriarse (vr) | охлађивати се | ohlađívati se |
| | | |
| sabor (m) | укус (м) | úkus |
| regusto (m) | укус (м) | úkus |
| | | |
| adelgazar (vi) | смршати (нг) | smŕšati |
| dieta (f) | дијета (ж) | dijéta |
| vitamina (f) | витамин (м) | vitámin |
| caloría (f) | калорија (ж) | kalórija |
| vegetariano (m) | вегетаријанац (м) | vegetarijánac |
| vegetariano (adj) | вегетаријански | vegetaríjanski |
| | | |
| grasas (f pl) | масти (мн) | másti |
| proteínas (f pl) | беланчевине (мн) | belánčevine |
| carbohidratos (m pl) | угљени хидрати (мн) | úgljeni hidráti |
| loncha (f) | парче (с) | párče |
| pedazo (m) | комад (м) | kómad |
| miga (f) | мрва (ж) | mŕva |

## 51. Los platos

| | | |
|---|---|---|
| plato (m) | јело (с) | jélo |
| cocina (f) | кухиња (ж) | kúhinja |
| receta (f) | рецепт (м) | récept |
| porción (f) | порција (ж) | pórcija |
| | | |
| ensalada (f) | салата (ж) | saláta |
| sopa (f) | супа (ж) | súpa |
| | | |
| caldo (m) | буљон (м) | búljon |
| bocadillo (m) | сендвич (м) | séndvič |
| huevos (m pl) fritos | пржена јаја (мн) | pŕžena jája |

| hamburguesa (f) | хамбургер (м) | hámburger |
| bistec (m) | бифтек (м) | bíftek |

| guarnición (f) | прилог (м) | prílog |
| espagueti (m) | шпагете (мн) | špagéte |
| puré (m) de patatas | кромпир пире (м) | krómpir píre |
| pizza (f) | пица (ж) | píca |
| gachas (f pl) | каша (ж) | káša |
| tortilla (f) francesa | омлет (м) | ómlet |

| cocido en agua (adj) | кувани | kúvani |
| ahumado (adj) | димљени | dímljeni |
| frito (adj) | пржени | pŕženi |
| seco (adj) | сув | suv |
| congelado (adj) | замрзнут | zámrznut |
| marinado (adj) | маринирани | marinírani |

| azucarado, dulce (adj) | сладак | sládak |
| salado (adj) | слан | slan |
| frío (adj) | хладан | hládan |
| caliente (adj) | врућ | vruć |
| amargo (adj) | горак | górak |
| sabroso (adj) | укусан | úkusan |

| cocer en agua | барити (пг) | báriti |
| preparar (la cena) | кувати (пг) | kúvati |
| freír (vt) | пржити (пг) | pŕžiti |
| calentar (vt) | подгревати (пг) | podgrévati |

| salar (vt) | солити (пг) | sóliti |
| poner pimienta | биберити (пг) | bíberiti |
| rallar (vt) | рендати (пг) | réndati |
| piel (f) | кора (ж) | kóra |
| pelar (vt) | љуштити (пг) | ljúštiti |

## 52. La comida

| carne (f) | месо (с) | méso |
| gallina (f) | пилетина, кокош (ж) | píletina, kokoš |
| pollo (m) | пиле (с) | píle |
| pato (m) | патка (ж) | pátka |
| ganso (m) | гуска (ж) | gúska |
| caza (f) menor | дивљач (ж) | dívljač |
| pava (f) | ћуретина (ж) | ćurétina |

| carne (f) de cerdo | свињетина (ж) | svínjetina |
| carne (f) de ternera | телетина (ж) | téletina |
| carne (f) de carnero | јагњетина (ж) | jágnjetina |
| carne (f) de vaca | говедина (ж) | góvedina |
| conejo (m) | зец (м) | zec |

| | | |
|---|---|---|
| salchichón (m) | кобасица (ж) | kobásica |
| salchicha (f) | виршла (ж) | víršla |
| beicon (m) | сланина (ж) | slánina |
| jamón (m) | шунка (ж) | šúnka |
| jamón (m) fresco | шунка (ж) | šúnka |
| | | |
| paté (m) | паштета (ж) | paštéta |
| hígado (m) | џигерица (ж) | džígerica |
| carne (f) picada | млевено месо (с) | mléveno méso |
| lengua (f) | језик (м) | jézik |
| | | |
| huevo (m) | јаје (с) | jáje |
| huevos (m pl) | јаја (мн) | jája |
| clara (f) | беланце (с) | belánce |
| yema (f) | жуманце (с) | žumánce |
| | | |
| pescado (m) | риба (ж) | ríba |
| mariscos (m pl) | морски плодови (мн) | mórski plódovi |
| crustáceos (m pl) | ракови (мн) | rákovi |
| caviar (m) | кавијар (м) | kávijar |
| | | |
| cangrejo (m) de mar | краба (ж) | krába |
| camarón (m) | шкамп (м) | škamp |
| ostra (f) | острига (ж) | óstriga |
| langosta (f) | јастог (м) | jástog |
| pulpo (m) | хоботница (ж) | hóbotnica |
| calamar (m) | лигња (ж) | lígnja |
| | | |
| esturión (m) | јесетра (ж) | jésetra |
| salmón (m) | лосос (м) | lósos |
| fletán (m) | пацифички лист (м) | pacífički list |
| | | |
| bacalao (m) | бакалар (м) | bakálar |
| caballa (f) | скуша (ж) | skúša |
| atún (m) | туњевина (ж) | túnjevina |
| anguila (f) | јегуља (ж) | jégulja |
| | | |
| trucha (f) | пастрмка (ж) | pástrmka |
| sardina (f) | сардина (ж) | sardína |
| lucio (m) | штука (ж) | štúka |
| arenque (m) | харинга (ж) | háringa |
| | | |
| pan (m) | хлеб (м) | hleb |
| queso (m) | сир (м) | sir |
| azúcar (m) | шећер (м) | šéćer |
| sal (f) | со (ж) | so |
| | | |
| arroz (m) | пиринач (м) | pírinač |
| macarrones (m pl) | макарони (мн) | mákaroni |
| tallarines (m pl) | резанци (мн) | rezánci |
| mantequilla (f) | маслац (м) | máslac |
| aceite (m) vegetal | зејтин (м) | zéjtin |

| | | |
|---|---|---|
| aceite (m) de girasol | сунцокретово уље (c) | súncokretovo úlje |
| margarina (f) | маргарин (м) | margárin |
| | | |
| olivas, aceitunas (f pl) | маслине (мн) | másline |
| aceite (m) de oliva | маслиново уље (c) | máslinovo úlje |
| | | |
| leche (f) | млеко (c) | mléko |
| leche (f) condensada | кондензовано млеко (c) | kondenzóvano mléko |
| yogur (m) | јогурт (м) | jógurt |
| nata (f) agria | кисела павлака (ж) | kísela pávlaka |
| nata (f) líquida | павлака (ж) | pávlaka |
| | | |
| mayonesa (f) | мајонез (м), мајонеза (ж) | majonéz, majonéza |
| crema (f) de mantequilla | крем (м) | krem |
| | | |
| cereales (m pl) integrales | житарице (мн) | žitárice |
| harina (f) | брашно (c) | brášno |
| conservas (f pl) | конзерве (мн) | konzérve |
| | | |
| copos (m pl) de maíz | кукурузне пахуљице (мн) | kukúruzne pahúljice |
| miel (f) | мед (м) | med |
| confitura (f) | џем (м), мармелада (ж) | džem, marmeláda |
| chicle (m) | гума (ж) за жвакање | gúma za žvákanje |

## 53. Las bebidas

| | | |
|---|---|---|
| agua (f) | вода (ж) | vóda |
| agua (f) potable | питка вода (ж) | pítka vóda |
| agua (f) mineral | кисела вода (ж) | kísela vóda |
| | | |
| sin gas | негазиран | negazíran |
| gaseoso (adj) | gazíran | gazíran |
| con gas | газиран | gazíran |
| hielo (m) | лед (м) | led |
| con hielo | са ледом | sa lédom |
| | | |
| sin alcohol | безалкохолан | bézalkoholan |
| bebida (f) sin alcohol | безалкохолно пиће (c) | bézalkoholno píće |
| refresco (m) | освежавајући напитак (м) | osvežávajući nápitak |
| limonada (f) | лимунада (ж) | limunáda |
| | | |
| bebidas (f pl) alcohólicas | алкохолна пића (мн) | álkoholna píća |
| vino (m) | вино (c) | víno |
| vino (m) blanco | бело вино (c) | bélo víno |
| vino (m) tinto | црно вино (c) | cŕno víno |
| | | |
| licor (m) | ликер (м) | líker |
| champaña (f) | шампањац (м) | šampánjac |

| | | |
|---|---|---|
| vermú (m) | вермут (м) | vérmut |
| whisky (m) | виски (м) | víski |
| vodka (m) | вотка (ж) | vótka |
| ginebra (f) | џин (м) | džin |
| coñac (m) | коњак (м) | kónjak |
| ron (m) | рум (м) | rum |
| | | |
| café (m) | кафа (ж) | káfa |
| café (m) solo | црна кафа (ж) | cŕna káfa |
| café (m) con leche | кафа (ж) са млеком | káfa sa mlékom |
| capuchino (m) | капучино (м) | kapučíno |
| café (m) soluble | инстант кафа (ж) | ínstant káfa |
| | | |
| leche (f) | млеко (c) | mléko |
| cóctel (m) | коктел (м) | kóktel |
| batido (m) | милкшејк (м) | mílkšejk |
| | | |
| zumo (m), jugo (m) | сок (м) | sok |
| jugo (m) de tomate | сок (м) од парадајза | sok od parádajza |
| zumo (m) de naranja | сок (м) од наранџе | sok od nárandže |
| zumo (m) fresco | свеже цеђени сок (м) | svéže céđeni sok |
| | | |
| cerveza (f) | пиво (c) | pívo |
| cerveza (f) rubia | светло пиво (c) | svétlo pívo |
| cerveza (f) negra | тамно пиво (c) | támno pívo |
| | | |
| té (m) | чај (м) | čaj |
| té (m) negro | црни чај (м) | cŕni čaj |
| té (m) verde | зелени чај (м) | zéleni čaj |

## 54. Las verduras

| | | |
|---|---|---|
| legumbres (f pl) | поврђе (c) | póvrće |
| verduras (f pl) | зелен (ж) | zélen |
| | | |
| tomate (m) | парадајз (м) | parádajz |
| pepino (m) | краставац (м) | krástavac |
| zanahoria (f) | шаргарепа (ж) | šargarépa |
| patata (f) | кромпир (м) | krómpir |
| cebolla (f) | црни лук (м) | cŕni luk |
| ajo (m) | бели лук (м) | béli luk |
| | | |
| col (f) | купус (м) | kúpus |
| coliflor (f) | карфиол (м) | karfíol |
| col (f) de Bruselas | прокељ (м) | prókelj |
| brócoli (m) | брокуле (мн) | brókule |
| | | |
| remolacha (f) | цвекла (ж) | cvékla |
| berenjena (f) | патлиџан (м) | patlidžán |
| calabacín (m) | тиквица (ж) | tíkvica |

| calabaza (f) | тиква (ж) | tíkva |
| nabo (m) | репа (ж) | répa |

| perejil (m) | першун (м) | péršun |
| eneldo (m) | мирођија (ж) | miróđija |
| lechuga (f) | зелена салата (ж) | zélena saláta |
| apio (m) | целер (м) | céler |
| espárrago (m) | шпаргла (ж) | špárgla |
| espinaca (f) | спанаћ (м) | spánać |

| guisante (m) | грашак (м) | grášak |
| habas (f pl) | махунарке (мн) | mahúnarke |
| maíz (m) | кукуруз (м) | kukúruz |
| fréjol (m) | пасуљ (м) | pásulj |

| pimiento (m) dulce | паприка (ж) | páprika |
| rábano (m) | ротквица (ж) | rótkvica |
| alcachofa (f) | артичока (ж) | artičóka |

## 55. Las frutas. Las nueces

| fruto (m) | воће (с) | vóće |
| manzana (f) | јабука (ж) | jábuka |
| pera (f) | крушка (ж) | krúška |
| limón (m) | лимун (м) | límun |
| naranja (f) | наранџа (ж) | nárandža |
| fresa (f) | јагода (ж) | jágoda |

| mandarina (f) | мандарина (ж) | mandarína |
| ciruela (f) | шљива (ж) | šljíva |
| melocotón (m) | бресква (ж) | bréskva |
| albaricoque (m) | кајсија (ж) | kájsija |
| frambuesa (f) | малина (ж) | málina |
| piña (f) | ананас (м) | ánanas |

| banana (f) | банана (ж) | banána |
| sandía (f) | лубеница (ж) | lubénica |
| uva (f) | грожђе (с) | gróžđe |
| guinda (f) | вишња (ж) | víšnja |
| cereza (f) | трешња (ж) | tréšnja |
| melón (m) | диња (ж) | dínja |

| pomelo (m) | грејпфрут (м) | gréjpfrut |
| aguacate (m) | авокадо (м) | avokádo |
| papaya (f) | папаја (ж) | papája |
| mango (m) | манго (м) | mángo |
| granada (f) | нар (м) | nar |

| grosella (f) roja | црвена рибизла (ж) | crvéna ríbizla |
| grosella (f) negra | црна рибизла (ж) | cŕna ríbizla |

| | | |
|---|---|---|
| grosella (f) espinosa | огрозд (м) | ógrozd |
| arándano (m) | боровница (ж) | boróvnica |
| zarzamoras (f pl) | купина (ж) | kupína |
| | | |
| pasas (f pl) | суво грожђе (c) | súvo gróžđe |
| higo (m) | смоква (ж) | smókva |
| dátil (m) | урма (ж) | úrma |
| | | |
| cacahuete (m) | кикирики (м) | kikiríki |
| almendra (f) | бадем (м) | bádem |
| nuez (f) | орах (м) | órah |
| avellana (f) | лешник (м) | léšnik |
| nuez (f) de coco | кокосов орах (м) | kókosov órah |
| pistachos (m pl) | пистаћи (мн) | pistáći |

## 56. El pan. Los dulces

| | | |
|---|---|---|
| pasteles (m pl) | посластице (мн) | póslastice |
| pan (m) | хлеб (м) | hleb |
| galletas (f pl) | колачић (м) | koláčić |
| | | |
| chocolate (m) | чоколада (ж) | čokoláda |
| de chocolate (adj) | чоколадни | čókoladni |
| caramelo (m) | бомбона (ж) | bombóna |
| tarta (f) (pequeña) | колач (м) | kólač |
| tarta (f) (~ de cumpleaños) | торта (ж) | tórta |
| | | |
| tarta (f) (~ de manzana) | пита (ж) | píta |
| relleno (m) | надев (м) | nádev |
| | | |
| confitura (f) | слатко (c) | slátko |
| mermelada (f) | мармелада (ж) | marmeláda |
| gofre (m) | облатне (мн) | óblatne |
| helado (m) | сладолед (м) | sládoled |
| pudin (m) | пудинг (м) | púding |

## 57. Las especias

| | | |
|---|---|---|
| sal (f) | со (ж) | so |
| salado (adj) | слан | slan |
| salar (vt) | солити (пг) | sóliti |
| | | |
| pimienta (f) negra | црни бибер (м) | cŕni bíber |
| pimienta (f) roja | црвени бибер (м) | cŕveni bíber |
| mostaza (f) | сенф (м) | senf |
| rábano (m) picante | рен, хрен (м) | ren, hren |
| condimento (m) | зачин (м) | záčin |
| especia (f) | зачин (м) | záčin |

| | | |
|---|---|---|
| salsa (f) | **сос** (м) | sos |
| vinagre (m) | **сирће** (с) | sírće |
| | | |
| anís (m) | **анис** (м) | ánis |
| albahaca (f) | **босиљак** (м) | bósiljak |
| clavo (m) | **каранфил** (м) | karánfil |
| jengibre (m) | **ђумбир** (м) | đúmbir |
| cilantro (m) | **коријандер** (м) | korijánder |
| canela (f) | **цимет** (м) | címet |
| | | |
| sésamo (m) | **сусам** (м) | súsam |
| hoja (f) de laurel | **ловор** (м) | lóvor |
| paprika (f) | **паприка** (ж) | páprika |
| comino (m) | **ким** (м) | kim |
| azafrán (m) | **шафран** (м) | šáfran |

# LA INFORMACIÓN PERSONAL. LA FAMILIA

T&P Books Publishing

## 58. La información personal. Los formularios

| | | |
|---|---|---|
| nombre (m) | **име** (c) | íme |
| apellido (m) | **презиме** (c) | prézime |
| fecha (f) de nacimiento | **датум** (м) **рођења** | dátum rođénja |
| lugar (m) de nacimiento | **место** (c) **рођења** | mésto rođénja |
| | | |
| nacionalidad (f) | **националност** (ж) | nacionálnost |
| domicilio (m) | **пребивалиште** (c) | prébivalište |
| país (m) | **земља** (ж) | zémlja |
| profesión (f) | **професија** (ж) | profésija |
| | | |
| sexo (m) | **пол** (м) | pol |
| estatura (f) | **раст** (м) | rast |
| peso (m) | **тежина** (ж) | težína |

## 59. Los familiares. Los parientes

| | | |
|---|---|---|
| madre (f) | **мајка** (ж) | májka |
| padre (m) | **отац** (м) | ótac |
| hijo (m) | **син** (м) | sin |
| hija (f) | **кћи** (ж) | kći |
| | | |
| hija (f) menor | **млађа кћи** (ж) | mláđa kći |
| hijo (m) menor | **млађи син** (м) | mláđi sin |
| hija (f) mayor | **најстарија кћи** (ж) | nájstarija kći |
| hijo (m) mayor | **најстарији син** (м) | nájstariji sin |
| | | |
| hermano (m) | **брат** (м) | brat |
| hermano (m) mayor | **старији брат** (м) | stáriji brat |
| hermano (m) menor | **млађи брат** (м) | mláđi brat |
| hermana (f) | **сестра** (ж) | séstra |
| hermana (f) mayor | **старија сестра** (ж) | stárija séstra |
| hermana (f) menor | **млађа сестра** (ж) | mláđa séstra |
| | | |
| primo (m) | **рођак** (м) | róđak |
| prima (f) | **рођака** (ж) | róđaka |
| mamá (f) | **мама** (ж) | máma |
| papá (m) | **тата** (м) | táta |
| padres (pl) | **родитељи** (мн) | róditelji |
| niño -a (m, f) | **дете** (c) | déte |
| niños (pl) | **деца** (мн) | déca |
| abuela (f) | **бака** (ж) | báka |
| abuelo (m) | **деда** (м) | déda |

| | | |
|---|---|---|
| nieto (m) | унук (м) | únuk |
| nieta (f) | унука (ж) | únuka |
| nietos (pl) | унуци (мн) | únuci |

| | | |
|---|---|---|
| tío (m) | ујак, стриц (м) | újak, stric |
| tía (f) | ујна, стрина (ж) | újna, strína |
| sobrino (m) | нећак, сестрић (м) | nécak, séstrić |
| sobrina (f) | нећакиња, сестричина (ж) | necákinja, séstričina |

| | | |
|---|---|---|
| suegra (f) | ташта (ж) | tášta |
| suegro (m) | свекар (м) | svékar |
| yerno (m) | зет (м) | zet |
| madrastra (f) | маћеха (ж) | máćeha |
| padrastro (m) | очух (м) | óćuh |

| | | |
|---|---|---|
| niño (m) de pecho | беба (ж) | béba |
| bebé (m) | беба (ж) | béba |
| chico (m) | мало дете (с), беба (ж) | málo déte, béba |

| | | |
|---|---|---|
| mujer (f) | жена (ж) | žéna |
| marido (m) | муж (м) | muž |
| esposo (m) | супруг (м) | súprug |
| esposa (f) | супруга (ж) | súpruga |

| | | |
|---|---|---|
| casado (adj) | ожењен | óženjen |
| casada (adj) | удата | údata |
| soltero (adj) | неожењен | neóženjen |
| soltero (adj) | нежења | néženja |
| divorciado (adj) | разведен | razvéden |
| viuda (f) | удовица (ж) | udóvica |
| viudo (m) | удовац (м) | údovac |

| | | |
|---|---|---|
| pariente (m) | рођак (м) | róđak |
| pariente (m) cercano | блиски рођак (м) | blíski róđak |
| pariente (m) lejano | даљи рођак (м) | dálji róđak |
| parientes (pl) | рођаци (мн) | róđaci |

| | | |
|---|---|---|
| huérfano (m), huérfana (f) | сироче (с) | siróće |
| tutor (m) | старатељ (м) | stáratelj |
| adoptar (un niño) | усвојити (нг) | usvójiti |
| adoptar (una niña) | усвојити (нг) | usvójiti |

## 60. Los amigos. Los compañeros del trabajo

| | | |
|---|---|---|
| amigo (m) | пријатељ (м) | príjatelj |
| amiga (f) | пријатељица (ж) | prijatéljica |
| amistad (f) | пријатељство (с) | prijatéljstvo |
| ser amigo | дружити се | drúžiti se |
| amigote (m) | пријатељ (м) | príjatelj |

| | | |
|---|---|---|
| amiguete (f) | **пријатељица** (ж) | prijatéljica |
| compañero (m) | **партнер** (м) | pártner |
| | | |
| jefe (m) | **шеф** (м) | šef |
| superior (m) | **начелник** (м) | náčelnik |
| propietario (m) | **власник** (м) | vlásnik |
| subordinado (m) | **потчињени** (м) | pótčinjeni |
| colega (m, f) | **колега** (м) | koléga |
| | | |
| conocido (m) | **познаник** (м) | póznanik |
| compañero (m) de viaje | **сапутник** (м) | sáputnik |
| condiscípulo (m) | **школски друг** (м) | škólski drug |
| | | |
| vecino (m) | **комшија** (м) | kómšija |
| vecina (f) | **комшиница** (ж) | kómšinica |
| vecinos (pl) | **комшије** (мн) | kómšije |

BOOKS

# T&P

# EL CUERPO. LA MEDICINA

T&P Books Publishing

| | | |
|---|---|---|
| cabeza (f) | глава (ж) | gláva |
| cara (f) | лице (с) | líce |
| nariz (f) | нос (м) | nos |
| boca (f) | уста (мн) | ústa |
| | | |
| ojo (m) | око (с) | óko |
| ojos (m pl) | очи (мн) | óči |
| pupila (f) | зеница (ж) | zénica |
| ceja (f) | обрва (ж) | óbrva |
| pestaña (f) | трепавица (ж) | trépavica |
| párpado (m) | капак (м), веђа (ж) | kápak, véđa |
| | | |
| lengua (f) | језик (м) | jézik |
| diente (m) | зуб (м) | zub |
| labios (m pl) | усне (мн) | úsne |
| pómulos (m pl) | јагодице (мн) | jágodice |
| encía (f) | десни (мн) | désni |
| paladar (m) | непце (с) | népce |
| | | |
| ventanas (f pl) | ноздрве (мн) | nózdrve |
| mentón (m) | брада (ж) | bráda |
| mandíbula (f) | вилица (ж) | vílica |
| mejilla (f) | образ (м) | óbraz |
| | | |
| frente (f) | чело (с) | čélo |
| sien (f) | слепоочница (ж) | slepoóčnica |
| oreja (f) | ухо (с) | úho |
| nuca (f) | потиљак (м) | pótiljak |
| cuello (m) | врат (м) | vrat |
| garganta (f) | грло (с) | gŕlo |
| | | |
| pelo, cabello (m) | коса (ж) | kósa |
| peinado (m) | фризура (ж) | frizúra |
| corte (m) de pelo | фризура (ж) | frizúra |
| peluca (f) | перика (ж) | périka |
| | | |
| bigote (m) | бркови (мн) | bŕkovi |
| barba (f) | брада (ж) | bráda |
| tener (~ la barba) | носити (пг) | nósiti |
| trenza (f) | плетеница (ж) | pleténica |
| patillas (f pl) | зулуфи (мн) | zulúfi |
| | | |
| pelirrojo (adj) | риђ | riđ |
| gris, canoso (adj) | сед | sed |

| | | |
|---|---|---|
| calvo (adj) | ћелав | ćélav |
| calva (f) | ћела (ж) | ćéla |
| | | |
| cola (f) de caballo | реп (м) | rep |
| flequillo (m) | шишке (мн) | šíške |

## 62. El cuerpo

| | | |
|---|---|---|
| mano (f) | шака (ж) | šáka |
| brazo (m) | рука (ж) | rúka |
| | | |
| dedo (m) | прст (м) | pŕst |
| dedo (m) del pie | ножни прст (м) | nóžni pŕst |
| dedo (m) pulgar | палац (м) | pálac |
| dedo (m) meñique | мали прст (м) | máli pŕst |
| uña (f) | нокат (м) | nókat |
| | | |
| puño (m) | песница (ж) | pésnica |
| palma (f) | длан (м) | dlan |
| muñeca (f) | зглоб (м), запешће (с) | zglob, zápešće |
| antebrazo (m) | подлактица (ж) | pódlaktica |
| codo (m) | лакат (м) | lákat |
| hombro (m) | раме (с) | ráme |
| | | |
| pierna (f) | нога (ж) | nóga |
| planta (f) | стопало (с) | stópalo |
| rodilla (f) | колено (с) | kóleno |
| pantorrilla (f) | лист (м) | list |
| | | |
| cadera (f) | кук (м) | kuk |
| talón (m) | пета (ж) | péta |
| | | |
| cuerpo (m) | тело (с) | télo |
| vientre (m) | трбух (м) | tŕbuh |
| pecho (m) | прса (мн) | pŕsa |
| seno (m) | груди (мн) | grúdi |
| lado (m), costado (m) | бок (м) | bok |
| espalda (f) | леђа (мн) | léđa |
| | | |
| zona (f) lumbar | крста (ж) | kŕsta |
| cintura (f), talle (m) | струк (м) | struk |
| | | |
| ombligo (m) | пупак (м) | púpak |
| nalgas (f pl) | стражњица (ж) | strážnjica |
| trasero (m) | задњица (ж) | zádnjica |
| | | |
| lunar (m) | младеж (м) | mládež |
| marca (f) de nacimiento | белег, младеж (м) | béleg, mládež |
| tatuaje (m) | тетоважа (ж) | tetováža |
| cicatriz (f) | ожиљак (м) | óžiljak |

## 63. Las enfermedades

| | | |
|---|---|---|
| enfermedad (f) | болест (ж) | bólest |
| estar enfermo | боловати (нг) | bolóvati |
| salud (f) | здравље (c) | zdrávlje |
| | | |
| resfriado (m) (coriza) | кијавица (ж) | kíjavica |
| angina (f) | ангина (ж) | angína |
| resfriado (m) | прехлада (ж) | préhlada |
| resfriarse (vr) | прехладити се | prehláditi se |
| | | |
| bronquitis (f) | бронхитис (м) | bronhítis |
| pulmonía (f) | упала (ж) плућа | úpala plúća |
| gripe (f) | грип (м) | grip |
| | | |
| miope (adj) | кратковид | kratkóvid |
| présbita (adj) | далековид | dalekóvid |
| estrabismo (m) | разрокост (ж) | rázrokost |
| estrábico (m) (adj) | разрок | rázrok |
| catarata (f) | катаракта (ж) | katarákta |
| glaucoma (m) | глауком (м) | gláukom |
| | | |
| insulto (m) | можданиудар (м) | móždani údar |
| ataque (m) cardiaco | инфаркт (м) | ínfarkt |
| infarto (m) de miocardio | инфаркт (м) миокарда | ínfarkt míokarda |
| parálisis (f) | парализа (ж) | paralíza |
| paralizar (vt) | парализовати (нг) | parálizovati |
| | | |
| alergia (f) | алергија (ж) | alérgija |
| asma (f) | астма (ж) | ástma |
| diabetes (f) | дијабетес (м) | dijabétes |
| | | |
| dolor (m) de muelas | зубобоља (ж) | zubóbolja |
| caries (f) | каријес (м) | kárijes |
| | | |
| diarrea (f) | дијареја (ж), пролив (м) | dijaréja, próliv |
| estreñimiento (m) | затвор (м) | zátvor |
| molestia (f) estomacal | лоша пробава (ж) | lóša próbava |
| envenenamiento (m) | тровање (c) | tróvanje |
| envenenarse (vr) | отровати се | otróvati se |
| | | |
| artritis (f) | артритис (м) | artrítis |
| raquitismo (m) | рахитис (м) | rahítis |
| reumatismo (m) | реуматизам (м) | reumatízam |
| ateroesclerosis (f) | атеросклероза (ж) | ateroskleróza |
| | | |
| gastritis (f) | гастритис (м) | gastrítis |
| apendicitis (f) | апендицитис (м) | apendicítis |
| colecistitis (f) | холециститис (м) | holecístitis |
| úlcera (f) | чир (м) | čir |
| sarampión (m) | мале богиње (мн) | mále bóginje |

| | | |
|---|---|---|
| rubeola (f) | рубеола (ж) | rubéola |
| ictericia (f) | жутица (ж) | žútica |
| hepatitis (f) | хепатитис (м) | hepatítis |
| | | |
| esquizofrenia (f) | шизофренија (ж) | šizofrénija |
| rabia (f) (hidrofobia) | беснило (c) | bésnilo |
| neurosis (f) | неуроза (ж) | neuróza |
| conmoción (f) cerebral | потрес (м) мозга | pótres mózga |
| | | |
| cáncer (m) | рак (м) | rak |
| esclerosis (f) | склероза (ж) | skleróza |
| esclerosis (m) múltiple | мултипла склероза (ж) | múltipla skleróza |
| | | |
| alcoholismo (m) | алкохолизам (м) | alkoholízam |
| alcohólico (m) | алкохоличар (м) | alkohóličar |
| sífilis (f) | сифилис (м) | sífilis |
| SIDA (m) | Сида (ж) | Sída |
| | | |
| tumor (m) | тумор (м) | túmor |
| maligno (adj) | малигни, злоћудан | máligni, zlóćudan |
| benigno (adj) | доброћудан | dóbroćudan |
| | | |
| fiebre (f) | грозница (ж) | gróznica |
| malaria (f) | маларија (ж) | málarija |
| gangrena (f) | гангрена (ж) | gangréna |
| mareo (m) | морска болест (ж) | mórska bólest |
| epilepsia (f) | епилепсија (ж) | epilépsija |
| | | |
| epidemia (f) | епидемија (ж) | epidémija |
| tifus (m) | тифус (м) | tífus |
| tuberculosis (f) | туберкулоза (ж) | tuberkulóza |
| cólera (f) | колера (ж) | koléra |
| peste (f) | куга (ж) | kúga |

## 64. Los síntomas. Los tratamientos. Unidad 1

| | | |
|---|---|---|
| síntoma (m) | симптом (м) | símptom |
| temperatura (f) | температура (ж) | temperatúra |
| fiebre (f) | висока температура (ж) | vísoka temperatúra |
| pulso (m) | пулс (м) | puls |
| | | |
| mareo (m) (vértigo) | вртоглавица (ж) | vrtóglavica |
| caliente (adj) | врућ | vruć |
| escalofrío (m) | језа (ж) | jéza |
| pálido (adj) | блед | bled |
| | | |
| tos (f) | кашаљ (м) | kášalj |
| toser (vi) | кашљати (нг) | kášljati |
| estornudar (vi) | кијати (нг) | kíjati |
| desmayo (m) | несвестица (ж) | nésvestica |

| | | |
|---|---|---|
| desmayarse (vr) | онесвестити се | onesvéstiti se |
| moradura (f) | модрица (ж) | módrica |
| chichón (m) | чворуга (ж) | čvóruga |
| golpearse (vr) | ударити се | údariti se |
| magulladura (f) | озледа (ж) | ózleda |
| magullarse (vr) | озледити се | ozléditi se |
| | | |
| cojear (vi) | храмати (нг) | hrámati |
| dislocación (f) | ишчашење (с) | iščašénje |
| dislocar (vt) | ишчашити (пг) | íščašiti |
| fractura (f) | прелом (м) | prélom |
| tener una fractura | задобити прелом | zadóbiti prélom |
| | | |
| corte (m) (tajo) | посекотина (ж) | posekótina |
| cortarse (vr) | порезати се | pórezati se |
| hemorragia (f) | крварење (с) | krvárenje |
| | | |
| quemadura (f) | опекотина (ж) | opekótina |
| quemarse (vr) | опећи се | ópeći se |
| | | |
| pincharse (~ el dedo) | убости (пг) | úbosti |
| pincharse (vr) | убости се | úbosti se |
| herir (vt) | повредити (пг) | povréditi |
| herida (f) | повреда (ж) | póvreda |
| lesión (f) (herida) | рана (ж) | rána |
| trauma (m) | траума (ж) | tráuma |
| | | |
| delirar (vi) | бунцати (нг) | búncati |
| tartamudear (vi) | муцати (нг) | múcati |
| insolación (f) | сунчаница (ж) | súnčanica |

## 65. Los síntomas. Los tratamientos. Unidad 2

| | | |
|---|---|---|
| dolor (m) | бол (ж) | bol |
| astilla (f) | трн (м) | trn |
| | | |
| sudor (m) | зној (м) | znoj |
| sudar (vi) | знојити се | znójiti se |
| vómito (m) | повраћање (с) | póvraćanje |
| convulsiones (f pl) | грчеви (мн) | gŕčevi |
| | | |
| embarazada (adj) | трудна | trúdna |
| nacer (vi) | родити се | róditi se |
| parto (m) | порођај (м) | pórođaj |
| dar a luz | рађати (пг) | ráđati |
| aborto (m) | абортус, побачај (м) | abórtus, póbačaj |
| | | |
| respiración (f) | дисање (с) | dísanje |
| inspiración (f) | удисај (м) | údisaj |
| espiración (f) | издах (м) | ízdah |

| espirar (vi) | издахнути (нг) | izdáhnuti |
| inspirar (vi) | удисати (нг) | údisati |

| inválido (m) | инвалид (м) | inválid |
| mutilado (m) | богаљ (м) | bógalj |
| drogadicto (m) | наркоман (м) | nárkoman |

| sordo (adj) | глув | gluv |
| mudo (adj) | нем | nem |
| sordomudo (adj) | глувонем | glúvonem |

| loco (adj) | луд | lud |
| loco (m) | лудак (м) | lúdak |
| loca (f) | луда (ж) | lúda |
| volverse loco | полудети (нг) | polúdeti |

| gen (m) | ген (м) | gen |
| inmunidad (f) | имунитет (м) | imunítet |
| hereditario (adj) | наследни | následni |
| de nacimiento (adj) | урођен | úrođen |

| virus (m) | вирус (м) | vírus |
| microbio (m) | микроб (м) | míkrob |
| bacteria (f) | бактерија (ж) | baktérija |
| infección (f) | инфекција (ж) | infékcija |

## 66. Los síntomas. Los tratamientos. Unidad 3

| hospital (m) | болница (ж) | bólnica |
| paciente (m) | пацијент (м) | pacíjent |

| diagnosis (f) | дијагноза (ж) | dijagnóza |
| cura (f) | лечење (c) | léčenje |
| tratamiento (m) | медицински третман (м) | médicinski trétman |
| curarse (vr) | лечити се | léčiti se |
| tratar (vt) | лечити (нг) | léčiti |
| cuidar (a un enfermo) | неговати (нг) | négovati |
| cuidados (m pl) | нега (ж) | néga |

| operación (f) | операција (ж) | operácija |
| vendar (vt) | превити (нг) | préviti |
| vendaje (m) | превијање (c) | prevíjanje |

| vacunación (f) | вакцинација (ж) | vakcinácija |
| vacunar (vt) | вакцинисати (нг) | vakcinísati |
| inyección (f) | ињекција (ж) | injékcija |
| aplicar una inyección | давати ињекцију | dávati injékciju |

| ataque (m) | напад (м) | nápad |
| amputación (f) | ампутација (ж) | amputácija |

| | | |
|---|---|---|
| amputar (vt) | ампутирати (пг) | amputírati |
| coma (m) | кома (ж) | kóma |
| estar en coma | бити у коми | bíti u kómi |
| revitalización (f) | реанимација (ж) | reanimácija |
| | | |
| recuperarse (vr) | оздрављати (нг) | ódzdravljati |
| estado (m) (de salud) | стање (с) | stánje |
| consciencia (f) | свест (ж) | svest |
| memoria (f) | памћење (с) | pámćenje |
| | | |
| extraer (un diente) | вадити (пг) | váditi |
| empaste (m) | пломба (ж) | plómba |
| empastar (vt) | пломбирати (пг) | plombírati |
| | | |
| hipnosis (f) | хипноза (ж) | hipnóza |
| hipnotizar (vt) | хипнотизирати (пг) | hipnotizírati |

## 67. La medicina. Las drogas. Los accesorios

| | | |
|---|---|---|
| medicamento (m), droga (f) | лек (м) | lek |
| remedio (m) | средство (с) | srédstvo |
| prescribir (vt) | преписивати (пг) | prepisívati |
| receta (f) | рецепт (м) | récept |
| | | |
| tableta (f) | таблета (ж) | tabléta |
| ungüento (m) | маст (ж) | mast |
| ampolla (f) | ампула (ж) | ámpula |
| mixtura (f), mezcla (f) | микстура (ж) | mikstúra |
| sirope (m) | сируп (м) | sírup |
| píldora (f) | пилула (ж) | pílula |
| polvo (m) | прашак (м) | prášak |
| | | |
| venda (f) | завој (м) | závoj |
| algodón (m) (discos de ~) | вата (ж) | váta |
| yodo (m) | јод (м) | jod |
| | | |
| tirita (f), curita (f) | фластер (м) | fláster |
| pipeta (f) | пипета (ж) | pipéta |
| | | |
| termómetro (m) | термометар (м) | térmometar |
| jeringa (f) | шприц (м) | špric |
| | | |
| silla (f) de ruedas | инвалидска колица (мн) | inválidska kolíca |
| muletas (f pl) | штаке (мн) | štáke |
| | | |
| anestésico (m) | аналгетик (м) | analgétik |
| purgante (m) | лаксатив (м) | láksativ |
| alcohol (m) | алкохол (м) | álkohol |
| hierba (f) medicinal | лековито биље (с) | lékovito bílje |
| de hierbas (té ~) | биљни | bíljni |

# EL APARTAMENTO

T&P Books Publishing

## 68. El apartamento

| | | |
|---|---|---|
| apartamento (m) | стан (м) | stan |
| habitación (f) | соба (ж) | sóba |
| dormitorio (m) | спаваћа соба (ж) | spávaća sóba |
| comedor (m) | трпезарија (ж) | trpezárija |
| salón (m) | дневна соба (ж) | dnévna sóba |
| despacho (m) | кабинет (м) | kabínet |
| | | |
| antecámara (f) | ходник (м) | hódnik |
| cuarto (m) de baño | купатило (с) | kupátilo |
| servicio (m) | тоалет (м) | toálet |
| | | |
| techo (m) | плафон (м) | pláfon |
| suelo (m) | под (м) | pod |
| rincón (m) | угао, ћошак (м) | úgao, ćóšak |

## 69. Los muebles. El interior

| | | |
|---|---|---|
| muebles (m pl) | намештај (м) | námeštaj |
| mesa (f) | сто (м) | sto |
| silla (f) | столица (ж) | stólica |
| cama (f) | кревет (м) | krévet |
| sofá (m) | диван (м) | dívan |
| sillón (m) | фотеља (ж) | fotélja |
| | | |
| librería (f) | орман (м) за књиге | órman za knjíge |
| estante (m) | полица (ж) | pólica |
| | | |
| armario (m) | орман (м) | órman |
| percha (f) | вешалица (ж) | véšalica |
| perchero (m) de pie | чивилук (м) | číviluk |
| | | |
| cómoda (f) | комода (ж) | komóda |
| mesa (f) de café | столиц (м) за кафу | stólic  za kafu |
| | | |
| espejo (m) | огледало (с) | oglédalo |
| tapiz (m) | тепих (м) | tépih |
| alfombra (f) | ћилимче (с) | ćilímče |
| | | |
| chimenea (f) | камин (м) | kámin |
| vela (f) | свећа (ж) | svéća |
| candelero (m) | свећњак (м) | svéćnjak |
| cortinas (f pl) | завесе (мн) | závese |

| empapelado (m) | тапете (мн) | tapéte |
| estor (m) de láminas | ролетна (ж) | róletna |

| lámpara (f) de mesa | стона лампа (ж) | stóna lámpa |
| aplique (m) | зидна светиљка (ж) | zídna svétiljka |
| lámpara (f) de pie | подна лампа (ж) | pódna lámpa |
| lámpara (f) de araña | лустер (м) | lúster |

| pata (f) (~ de la mesa) | нога (ж) | nóga |
| brazo (m) | наслон (м) за руку | náslon za rúku |
| espaldar (m) | наслон (м) | náslon |
| cajón (m) | фиока (ж) | fióka |

## 70. Los accesorios de cama

| ropa (f) de cama | постељина (ж) | posteljína |
| almohada (f) | јастук (м) | jástuk |
| funda (f) | јастучница (ж) | jástučnica |
| manta (f) | јорган (м) | jórgan |
| sábana (f) | чаршав (м) | čáršav |
| sobrecama (f) | покривач (м) | pokrívač |

## 71. La cocina

| cocina (f) | кухиња (ж) | kúhinja |
| gas (m) | гас (м) | gas |
| cocina (f) de gas | плински шпорет (м) | plínski špóret |
| cocina (f) eléctrica | електрични шпорет (м) | eléktrični šporet |
| horno (m) | рерна (ж) | rérna |
| horno (m) microondas | микроталасна рерна (ж) | mikrotálasna rérna |

| frigorífico (m) | фрижидер (м) | frížider |
| congelador (m) | замрзивач (м) | zamrzívač |
| lavavajillas (m) | машина (ж) | mašína |
| | за прање судова | za pránje súdova |

| picadora (f) de carne | млин (м) за месо | mlin za méso |
| exprimidor (m) | соковник (м) | sókovnik |
| tostador (m) | тостер (м) | tóster |
| batidora (f) | миксер (м) | míkser |

| cafetera (f) (aparato de cocina) | апарат (м) за кафу | apárat za káfu |
| cafetera (f) (para servir) | лонче (с) за кафу | lónče za káfu |
| molinillo (m) de café | млин (м) за кафу | mlin za káfu |

| hervidor (m) de agua | кувало, чајник (м) | kúvalo, čájnik |
| tetera (f) | чајник (м) | čájnik |

| | | |
|---|---|---|
| tapa (f) | поклопац (м) | póklopac |
| colador (m) de té | цедиљка (ж) | cédiljka |
| | | |
| cuchara (f) | кашика (ж) | kášika |
| cucharilla (f) | кашичица (ж) | kášičica |
| cuchara (f) de sopa | супена кашика (ж) | súpena kášika |
| tenedor (m) | виљушка (ж) | víljuška |
| cuchillo (m) | нож (м) | nož |
| | | |
| vajilla (f) | посуђе (с) | pósuđe |
| plato (m) | тањир (м) | tánjir |
| platillo (m) | тацна (ж) | tácna |
| | | |
| vaso (m) de chupito | чашица (ж) | čášica |
| vaso (m) (~ de agua) | чаша (ж) | čáša |
| taza (f) | шоља (ж) | šólja |
| | | |
| azucarera (f) | шећерница (ж) | šéćernica |
| salero (m) | сланик (м) | slánik |
| pimentero (m) | биберница (ж) | bíbernica |
| mantequera (f) | посуда (ж) за маслац | pósuda za máslac |
| | | |
| cacerola (f) | шерпа (ж), лонац (м) | šerpa, lónac |
| sartén (f) | тигањ (м) | tíganj |
| cucharón (m) | кутлача (ж) | kútlača |
| colador (m) | цедиљка (ж) | cédiljka |
| bandeja (f) | послужавник (м) | poslúžavnik |
| | | |
| botella (f) | боца, флаша (ж) | bóca, fláša |
| tarro (m) de vidrio | тегла (ж) | tégla |
| lata (f) | лименка (ж) | límenka |
| | | |
| abrebotellas (m) | отварач (м) | otvárač |
| abrelatas (m) | отварач (м) | otvárač |
| sacacorchos (m) | вадичеп (м) | vádičep |
| filtro (m) | филтар (м) | fíltar |
| filtrar (vt) | филтрирати (пг) | filtrírati |
| | | |
| basura (f) | смеће, ђубре (с) | smeće, đúbre |
| cubo (m) de basura | канта (ж) за ђубре | kánta za đúbre |

## 72. El baño

| | | |
|---|---|---|
| cuarto (m) de baño | купатило (с) | kupátilo |
| agua (f) | вода (ж) | vóda |
| grifo (m) | славина (ж) | slávina |
| agua (f) caliente | топла вода (ж) | tópla vóda |
| agua (f) fría | хладна вода (ж) | hládna vóda |
| pasta (f) de dientes | паста (ж) за зубе | pásta za zúbe |
| limpiarse los dientes | прати зубе | práti zúbe |

| cepillo (m) de dientes | четкица (ж) за зубе | četkica za zúbe |
| afeitarse (vr) | бријати се | bríjati se |
| espuma (f) de afeitar | пена (ж) за бријање | péna za bríjanje |
| maquinilla (f) de afeitar | бријач (м) | bríjač |

| lavar (vt) | прати (пг) | práti |
| darse un baño | купати се | kúpati se |
| ducha (f) | туш (м) | tuš |
| darse una ducha | туширати се | tušírati se |

| bañera (f) | када (ж) | káda |
| inodoro (m) | ВЦ шоља (ж) | VC šólja |
| lavabo (m) | лавабо (м) | lavábo |

| jabón (m) | сапун (м) | sápun |
| jabonera (f) | кутија (ж) за сапун | kútija za sápun |

| esponja (f) | сунђер (м) | súnđer |
| champú (m) | шампон (м) | šámpon |
| toalla (f) | пешкир (м) | péškir |
| bata (f) de baño | баде мантил (м) | báde mántil |

| colada (f), lavado (m) | прање (с) | pránje |
| lavadora (f) | веш машина (ж) | veš mašína |
| lavar la ropa | прати веш | práti veš |
| detergente (m) en polvo | прашак (м) за веш | prášak za veš |

## 73. Los aparatos domésticos

| televisor (m) | телевизор (м) | televízor |
| magnetófono (m) | касетофон (м) | kasetofon |
| vídeo (m) | видео рекордер (м) | vídeo rekórder |
| radio (m) | радио (м) | rádio |
| reproductor (m) (~ MP3) | плејер (м) | pléjer |

| proyector (m) de vídeo | видео пројектор (м) | vídeo projéktor |
| sistema (m) home cinema | кућни биоскоп (м) | kúćni bíoskop |
| reproductor (m) de DVD | ДВД плејер (м) | DVD plejer |
| amplificador (m) | појачало (с) | pojáčalo |
| videoconsola (f) | играћа конзола (ж) | ígraća konzóla |

| cámara (f) de vídeo | видеокамера (ж) | vídeokámera |
| cámara (f) fotográfica | фотоапарат (м) | fotoapárat |
| cámara (f) digital | дигитални фотоапарат (м) | dígitalni fotoapárat |

| aspirador (m), aspiradora (f) | усисивач (м) | usisívač |
| plancha (f) | пегла (ж) | pégla |
| tabla (f) de planchar | даска (ж) за пеглање | dáska za péglanje |
| teléfono (m) | телефон (м) | teléfon |

| | | |
|---|---|---|
| teléfono (m) móvil | **мобилни телефон** (м) | móbilni teléfon |
| máquina (f) de escribir | **писаћа машина** (ж) | písaća mašína |
| máquina (f) de coser | **шиваћа машина** (ж) | šívaća mašína |
| | | |
| micrófono (m) | **микрофон** (м) | míkrofon |
| auriculares (m pl) | **слушалице** (мн) | slúšalice |
| mando (m) a distancia | **даљински управљач** (м) | daljínski uprávljač |
| | | |
| CD (m) | **ЦД диск** (м) | CD disk |
| casete (m) | **касета** (ж) | kaséta |
| disco (m) de vinilo | **плоча** (ж) | plóča |

# LA TIERRA. EL TIEMPO

T&P Books Publishing

| | | |
|---|---|---|
| cosmos (m) | свемир (м) | svémir |
| espacial, cósmico (adj) | космички | kósmički |
| espacio (m) cósmico | свемирски простор (м) | svémirski próstor |
| mundo (m) | свет (м) | svet |
| universo (m) | универзум (м) | univérzum |
| galaxia (f) | галаксија (ж) | galáksija |
| | | |
| estrella (f) | звезда (ж) | zvézda |
| constelación (f) | сазвежђе (с) | sázvežđe |
| planeta (m) | планета (ж) | planéta |
| satélite (m) | сателит (м) | satélit |
| | | |
| meteorito (m) | метеорит (м) | meteórit |
| cometa (m) | комета (ж) | kométa |
| asteroide (m) | астероид (м) | asteróid |
| | | |
| órbita (f) | путања, орбита (ж) | pútanja, órbita |
| girar (vi) | окретати се | okrétati se |
| atmósfera (f) | атмосфера (ж) | atmosféra |
| | | |
| Sol (m) | Сунце (с) | Súnce |
| sistema (m) solar | Сунчев систем (м) | Súnčev sístem |
| eclipse (m) de Sol | Помрачење (с) Сунца | Pomračénje Súnca |
| | | |
| Tierra (f) | Земља (ж) | Zémlja |
| Luna (f) | Месец (м) | Mésec |
| | | |
| Marte (m) | Марс (м) | Mars |
| Venus (f) | Венера (ж) | Venéra |
| Júpiter (m) | Јупитер (м) | Júpiter |
| Saturno (m) | Сатурн (м) | Sáturn |
| | | |
| Mercurio (m) | Меркур (м) | Mérkur |
| Urano (m) | Уран (м) | Uran |
| Neptuno (m) | Нептун (м) | Néptun |
| Plutón (m) | Плутон (м) | Plúton |
| | | |
| la Vía Láctea | Млечни пут (м) | Mléčni put |
| la Osa Mayor | Велики медвед (м) | Véliki médved |
| la Estrella Polar | Северњача (ж) | Sevérnjača |
| | | |
| marciano (m) | марсовац (м) | marsóvac |
| extraterrestre (m) | ванземаљац (м) | vanzemáljac |
| planetícola (m) | свемирац (м) | svemírac |

| | | |
|---|---|---|
| platillo (m) volante | летећи тањир (м) | léteći tánjir |
| nave (f) espacial | свемирски брод (м) | svémirski brod |
| estación (f) orbital | орбитална станица (ж) | órbitalna stánica |
| despegue (m) | лансирање (с) | lánsiranje |
| | | |
| motor (m) | мотор (м) | mótor |
| tobera (f) | млазница (ж) | mláznica |
| combustible (m) | гориво (с) | górivo |
| | | |
| carlinga (f) | кабина (ж) | kabína |
| antena (f) | антена (ж) | anténa |
| ventana (f) | бродски прозор (м) | bródski prózor |
| batería (f) solar | соларни панел (м) | sólarni pánel |
| escafandra (f) | скафандар (м) | skafándar |
| | | |
| ingravidez (f) | бестежинско стање (с) | béstežinsko stánje |
| oxígeno (m) | кисеоник (м) | kiseónik |
| | | |
| atraque (m) | пристајање (с) | prístajanje |
| realizar el atraque | спајати се (нг) | spájati se |
| | | |
| observatorio (m) | опсерваторија (ж) | opservatórija |
| telescopio (m) | телескоп (м) | téleskop |
| observar (vt) | посматрати (нг) | posmátrati |
| explorar (~ el universo) | истраживати (пг) | istražívati |

## 75. La tierra

| | | |
|---|---|---|
| Tierra (f) | Земља (ж) | Zémlja |
| globo (m) terrestre | земљина кугла (ж) | zémljina kúgla |
| planeta (m) | планета (ж) | planéta |
| | | |
| atmósfera (f) | атмосфера (ж) | atmosféra |
| geografía (f) | географија (ж) | geográfija |
| naturaleza (f) | природа (ж) | príroda |
| | | |
| globo (m) terráqueo | глобус (м) | glóbus |
| mapa (m) | мапа (ж) | mápa |
| atlas (m) | атлас (м) | átlas |
| | | |
| Europa (f) | Европа (ж) | Evrópa |
| Asia (f) | Азија (ж) | Ázija |
| África (f) | Африка (ж) | Áfrika |
| Australia (f) | Аустралија (ж) | Austrálija |
| | | |
| América (f) | Америка (ж) | Amérika |
| América (f) del Norte | Северна Америка (ж) | Séverna Amérika |
| América (f) del Sur | Јужна Америка (ж) | Júžna Amérika |
| Antártida (f) | Антарктик (м) | Antárktik |
| Ártico (m) | Арктик (м) | Árktik |

## 76. Los puntos cardinales

| | | |
|---|---|---|
| norte (m) | север (м) | séver |
| al norte | према северу | préma séveru |
| en el norte | на северу | na séveru |
| del norte (adj) | северни | séverni |
| | | |
| sur (m) | југ (м) | jug |
| al sur | према југу | préma júgu |
| en el sur | на југу | na júgu |
| del sur (adj) | јужни | júžni |
| | | |
| oeste (m) | запад (м) | západ |
| al oeste | према западу | préma západu |
| en el oeste | на западу | na západu |
| del oeste (adj) | западни | západni |
| | | |
| este (m) | исток (м) | ístok |
| al este | према истоку | préma ístoku |
| en el este | на истоку | na ístoku |
| del este (adj) | источни | ístočni |

## 77. El mar. El océano

| | | |
|---|---|---|
| mar (m) | море (с) | móre |
| océano (m) | океан (м) | okéan |
| golfo (m) | залив (м) | záliv |
| estrecho (m) | мореуз (м) | móreuz |
| | | |
| tierra (f) firme | копно (с) | kópno |
| continente (m) | континент (м) | kontínent |
| isla (f) | острво (с) | óstrvo |
| península (f) | полуострво (с) | poluóstrvo |
| archipiélago (m) | архипелаг (м) | arhipélag |
| | | |
| bahía (f) | залив (м) | záliv |
| ensenada, bahía (f) | лука (ж) | lúka |
| laguna (f) | лагуна (ж) | lagúna |
| cabo (m) | рт (м) | ŕt |
| | | |
| atolón (m) | атол (м) | átol |
| arrecife (m) | гребен (м) | grében |
| coral (m) | корал (м) | kóral |
| arrecife (m) de coral | коралпни гребен (м) | kóralni grében |
| | | |
| profundo (adj) | дубок | dúbok |
| profundidad (f) | дубина (ж) | dubína |
| abismo (m) | бездан (м) | bézdan |
| fosa (f) oceánica | ров (м) | rov |

| corriente (f) | струја (ж) | strúja |
| bañar (rodear) | окруживати (пг) | okružívati |

| orilla (f) | обала (ж) | óbala |
| costa (f) | обала (ж) | óbala |

| flujo (m) | плима (ж) | plíma |
| reflujo (m) | осека (ж) | óseka |
| banco (m) de arena | плићак (м) | plíćak |
| fondo (m) | дно (с) | dno |

| ola (f) | талас (м) | tálas |
| cresta (f) de la ola | гребен (м) таласа | grében talasá |
| espuma (f) | пена (ж) | péna |

| tempestad (f) | морска олуја (ж) | mórska olúja |
| huracán (m) | ураган (м) | úragan |
| tsunami (m) | цунами (м) | cunámi |
| bonanza (f) | безветрица (ж) | bézvetrica |
| calmo, tranquilo | миран | míran |

| polo (m) | пол (м) | pol |
| polar (adj) | поларни | pólarni |

| latitud (f) | ширина (ж) | šiína |
| longitud (f) | дужина (ж) | dužína |
| paralelo (m) | паралела (ж) | paraléla |
| ecuador (m) | екватор (м) | ékvator |

| cielo (m) | небо (с) | nébo |
| horizonte (m) | хоризонт (м) | horízont |
| aire (m) | ваздух (м) | vázduh |

| faro (m) | светионик (м) | svetiónik |
| bucear (vi) | ронити (нг) | róniti |
| hundirse (vr) | потонути (нг) | potónuti |
| tesoros (m pl) | благо (с) | blágo |

## 78. Los nombres de los mares y los océanos

| océano (m) Atlántico | Атлантски океан (м) | Átlantski okéan |
| océano (m) Índico | Индијски океан (м) | Índijski okéan |
| océano (m) Pacífico | Тихи океан (м) | Tíhi okéan |
| océano (m) Glacial Ártico | Северни Ледени океан (м) | Séverni Lédeni okéan |

| mar (m) Negro | Црно море (с) | Cŕno móre |
| mar (m) Rojo | Црвено море (с) | Cŕveno móre |
| mar (m) Amarillo | Жуто море (с) | Žúto móre |
| mar (m) Blanco | Бело море (с) | Bélo móre |

| mar (m) Caspio | Каспијско море (c) | Káspijsko móre |
| mar (m) Muerto | Мртво море (c) | Mȑtvo móre |
| mar (m) Mediterráneo | Средоземно море (c) | Sredózemno móre |

| mar (m) Egeo | Егејско море (c) | Egejsko móre |
| mar (m) Adriático | Јадранско море (c) | Jádransko móre |

| mar (m) Arábigo | Арабијско море (c) | Arábijsko móre |
| mar (m) del Japón | Јапанско море (c) | Jápansko móre |
| mar (m) de Bering | Берингово море (c) | Béringovo móre |
| mar (m) de la China Meridional | Јужно Кинеско море (c) | Južno Kinésko móre |

| mar (m) del Coral | Корално море (c) | Kóralno more |
| mar (m) de Tasmania | Тасманово море (c) | Tasmánovo móre |
| mar (m) Caribe | Карипско море (c) | Káripsko móre |

| mar (m) de Barents | Баренцово море (c) | Bárencovo móre |
| mar (m) de Kara | Карско море (c) | Kársko móre |

| mar (m) del Norte | Северно море (c) | Séverno móre |
| mar (m) Báltico | Балтичко море (c) | Báltičko móre |
| mar (m) de Noruega | Норвешко море (c) | Nórveško móre |

## 79. Las montañas

| montaña (f) | планина (ж) | planína |
| cadena (f) de montañas | плански венац (м) | pláninski vénac |
| cresta (f) de montañas | плански гребен (м) | pláninski grében |

| cima (f) | врх (м) | vȑh |
| pico (m) | планиски врх (м) | plániski vȑh |
| pie (m) | подножје (c) | pódnožje |
| cuesta (f) | нагиб (м), падина (ж) | nágib, pádina |

| volcán (m) | вулкан (м) | vúlkan |
| volcán (m) activo | активни вулкан (м) | áktivni vúlkan |
| volcán (m) apagado | угашени вулкан (м) | úgašeni vúlkan |

| erupción (f) | ерупција (ж) | erúpcija |
| cráter (m) | кратер (м) | kráter |
| magma (m) | магма (ж) | mágma |
| lava (f) | лава (ж) | láva |
| fundido (lava ~a) | врућ | vruć |

| cañón (m) | кањон (м) | kánjon |
| desfiladero (m) | клисура (ж) | klisúra |
| grieta (f) | пукотина (ж) | púkotina |
| precipicio (m) | амбис, понор (м) | ámbis, pónor |
| puerto (m) (paso) | превој (м) | prévoj |

| | | |
|---|---|---|
| meseta (f) | **висораван** (ж) | vísoravan |
| roca (f) | **литица** (ж) | lítica |
| colina (f) | **брег** (м) | breg |
| | | |
| glaciar (m) | **леденик** (м) | ledénik |
| cascada (f) | **водопад** (м) | vódopad |
| geiser (m) | **гејзер** (м) | géjzer |
| lago (m) | **језеро** (c) | jézero |
| | | |
| llanura (f) | **равница** (ж) | ravníca |
| paisaje (m) | **пејзаж** (м) | péjzaž |
| eco (m) | **одјек** (м) | ódjek |
| | | |
| alpinista (m) | **планинар** (м) | planínar |
| escalador (m) | **алпиниста** (м) | alpinísta |
| conquistar (vt) | **освајати** (пг) | osvájati |
| ascensión (f) | **пењање** (c) | pénjanje |

## 80. Los nombres de las montañas

| | | |
|---|---|---|
| Alpes (m pl) | **Алпи** (мн) | Álpi |
| Montblanc (m) | **Монблан** (м) | Mónblan |
| Pirineos (m pl) | **Пиренеји** (мн) | Pirenéji |
| | | |
| Cárpatos (m pl) | **Карпати** (мн) | Karpáti |
| Urales (m pl) | **Уралске планине** (мн) | Uralske planíne |
| Cáucaso (m) | **Кавказ** (м) | Kávkaz |
| Elbrus (m) | **Елбрус** (м) | Elbrus |
| | | |
| Altai (m) | **Алтај** (м) | Altaj |
| Tian-Shan (m) | **Тјен Шан, Тјаншан** (м) | Tjen Šan, Tjánšan |
| Pamir (m) | **Памир** (м) | Pámir |
| Himalayos (m pl) | **Хималаји** (мн) | Himaláji |
| Everest (m) | **Еверест** (м) | Everest |
| | | |
| Andes (m pl) | **Анди** (мн) | Andi |
| Kilimanjaro (m) | **Килиманџаро** (м) | Kilimandžáro |

## 81. Los ríos

| | | |
|---|---|---|
| río (m) | **река** (ж) | réka |
| manantial (m) | **извор** (м) | ízvor |
| lecho (m) (curso de agua) | **корито** (c) | kórito |
| cuenca (f) fluvial | **слив** (м) | sliv |
| desembocar en ... | **уливати се** | ulívati se |
| | | |
| afluente (m) | **притока** (ж) | prítoka |
| ribera (f) | **обала** (ж) | óbala |

| | | |
|---|---|---|
| corriente (f) | **ток** (м) | tok |
| río abajo (adv) | **низводно** | nízvodno |
| río arriba (adv) | **узводно** | úzvodno |
| | | |
| inundación (f) | **поплава** (ж) | póplava |
| riada (f) | **поводањ** (м) | póvodanj |
| desbordarse (vr) | **изливати се** | izlívati se |
| inundar (vt) | **преплавити** (пг) | prepláviti |
| | | |
| bajo (m) arenoso | **плићак** (м) | plíćak |
| rápido (m) | **брзак** (м) | bŕzak |
| | | |
| presa (f) | **брана** (ж) | brána |
| canal (m) | **канал** (м) | kánal |
| lago (m) artificiale | **вештачко језеро** (с) | véštačko jézero |
| esclusa (f) | **преводница** (ж) | prévodnica |
| | | |
| cuerpo (m) de agua | **резервоар** (м) | rezervóar |
| pantano (m) | **мочвара** (ж) | móčvara |
| ciénaga (f) | **баруштина** (ж) | báruština |
| remolino (m) | **вртлог** (м) | vŕtlog |
| | | |
| arroyo (m) | **поток** (м) | pótok |
| potable (adj) | **питка** | pítka |
| dulce (agua ~) | **слатка** | slátka |
| | | |
| hielo (m) | **лед** (м) | led |
| helarse (el lago, etc.) | **смрзнути се** | smŕznuti se |

## 82. Los nombres de los ríos

| | | |
|---|---|---|
| Sena (m) | **Сена** (ж) | Séna |
| Loira (m) | **Лоара** (ж) | Loára |
| | | |
| Támesis (m) | **Темза** (ж) | Témza |
| Rin (m) | **Рајна** (ж) | Rájna |
| Danubio (m) | **Дунав** (м) | Dúnav |
| | | |
| Volga (m) | **Волга** (ж) | Vólga |
| Don (m) | **Дон** (м) | Don |
| Lena (m) | **Лена** (ж) | Léna |
| | | |
| Río (m) Amarillo | **Хуангхе** (м) | Huánghe |
| Río (m) Azul | **Јангце** (м) | Jangcé |
| Mekong (m) | **Меконг** (м) | Mékong |
| Ganges (m) | **Ганг** (м) | Gang |
| | | |
| Nilo (m) | **Нил** (м) | Nil |
| Congo (m) | **Конго** (м) | Kóngo |
| Okavango (m) | **Окаванго** (м) | Okavángo |

| Zambeze (m) | Замбези (м) | Zambézi |
| Limpopo (m) | Лимпопо (м) | Limpópo |
| Misisipi (m) | Мисисипи (м) | Misisípi |

## 83. El bosque

| bosque (m) | шума (ж) | šúma |
| de bosque (adj) | шумски | šúmski |

| espesura (f) | честар (м) | čéstar |
| bosquecillo (m) | шумарак (м) | šumárak |
| claro (m) | пропланак (м) | próplanak |

| maleza (f) | шипраг (м), шикара (ж) | šíprag, šíkara |
| matorral (m) | жбуње (с) | žbúnje |

| senda (f) | стаза (ж) | stáza |
| barranco (m) | јаруга (ж) | járuga |

| árbol (m) | дрво (с) | dŕvo |
| hoja (f) | лист (м) | list |
| follaje (m) | лишће (с) | líšće |

| caída (f) de hojas | листопад (м) | lístopad |
| caer (las hojas) | опадати (нг) | ópadati |
| cima (f) | врх (м) | vŕh |

| rama (f) | грана (ж) | grána |
| rama (f) (gruesa) | грана (ж) | grána |
| brote (m) | пупољак (м) | púpoljak |
| aguja (f) | иглица (ж) | íglica |
| piña (f) | шишарка (ж) | šíšarka |

| agujero (m) | дупља (ж) | dúplja |
| nido (m) | гнездо (с) | gnézdo |

| tronco (m) | стабло (с) | stáblo |
| raíz (f) | корен (м) | kóren |
| corteza (f) | кора (ж) | kóra |
| musgo (m) | маховина (ж) | máhovina |

| extirpar (vt) | крчити (пг) | kŕčiti |
| talar (vt) | сећи (пг) | séći |
| deforestar (vt) | крчити шуму | krčiti šúmu |
| tocón (m) | пањ (м) | panj |

| hoguera (f) | логорска ватра (ж) | lógorska vátra |
| incendio (m) forestal | шумски пожар (м) | šúmski póžar |
| apagar (~ el incendio) | гасити (пг) | gásiti |
| guarda (m) forestal | шумар (м) | šúmar |

| | | |
|---|---|---|
| protección (f) | заштита (ж) | záštita |
| proteger (vt) | штитити (пг) | štítiti |
| cazador (m) furtivo | ловокрадица (м) | lovokrádica |
| cepo (m) | замка (ж) | zámka |
| | | |
| recoger (setas, bayas) | брати (пг) | bráti |
| perderse (vr) | залутати (нг) | zalútati |

## 84. Los recursos naturales

| | | |
|---|---|---|
| recursos (m pl) naturales | природна богатства (мн) | prírodna bógatstva |
| recursos (m pl) subterráneos | рудна богатства (мн) | rúdna bógatstva |
| depósitos (m pl) | лежишта (мн) | léžišta |
| yacimiento (m) | налазиште (с) | nálazište |
| | | |
| extraer (vt) | добијати (пг) | dobíjati |
| extracción (f) | добијање (с) | dobíjanje |
| mena (f) | руда (ж) | rúda |
| mina (f) | рудник (м) | rúdnik |
| pozo (m) de mina | рударско окно (с) | rúdarsko ókno |
| minero (m) | рудар (м) | rúdar |
| | | |
| gas (m) | гас (м) | gas |
| gasoducto (m) | плиновод (м) | plínovod |
| petróleo (m) | нафта (ж) | náfta |
| oleoducto (m) | нафтовод (м) | náftovod |
| pozo (m) de petróleo | нафтна бушотина (ж) | náftna búšotina |
| torre (f) de sondeo | нафтна платформа (ж) | náftna plátforma |
| petrolero (m) | танкер (м) | tánker |
| | | |
| arena (f) | песак (м) | pésak |
| caliza (f) | кречњак (м) | kréčnjak |
| grava (f) | шљунак (м) | šljúnak |
| turba (f) | тресет (м) | tréset |
| arcilla (f) | глина (ж) | glína |
| carbón (m) | угаљ (м) | úgalj |
| | | |
| hierro (m) | гвожђе (с) | gvóžđe |
| oro (m) | злато (с) | zláto |
| plata (f) | сребро (с) | srébro |
| níquel (m) | никл (м) | nikl |
| cobre (m) | бакар (м) | bákar |
| | | |
| zinc (m) | цинк (м) | cink |
| manganeso (m) | манган (м) | mángan |
| mercurio (m) | жива (ж) | žíva |
| plomo (m) | олово (с) | ólovo |
| mineral (m) | минерал (м) | míneral |

| cristal (m) | кристал (м) | krístal |
| mármol (m) | мермер, мрамор (м) | mérmer, mrámor |
| uranio (m) | уран (м) | úran |

## 85. El tiempo

| tiempo (m) | време (с) | vréme |
| previsión (f) del tiempo | временска прогноза (ж) | vrémenska prognóza |
| temperatura (f) | температура (ж) | temperatúra |
| termómetro (m) | термометар (м) | térmometar |
| barómetro (m) | барометар (м) | bárometar |

| húmedo (adj) | влажан | vlážan |
| humedad (f) | влажност (ж) | vlážnost |
| bochorno (m) | врућина (ж) | vrućína |
| tórrido (adj) | врућ | vruć |
| hace mucho calor | вруће је | vrúće je |

| hace calor (templado) | топло је | tóplo je |
| templado (adj) | топао | tópao |

| hace frío | хладно је | hládno je |
| frío (adj) | хладан | hládan |

| sol (m) | сунце (с) | súnce |
| brillar (vi) | сијати (нг) | síjati |
| soleado (un día ~) | сунчан | súnčan |
| elevarse (el sol) | изаћи (нг) | ízaći |
| ponerse (vr) | заћи (нг) | záći |

| nube (f) | облак (м) | óblak |
| nuboso (adj) | облачан | óblačan |
| nubarrón (m) | кишни облак (м) | kíšni óblak |
| nublado (adj) | тмуран | tmúran |

| lluvia (f) | киша (ж) | kíša |
| está lloviendo | пада киша | páda kíša |
| lluvioso (adj) | кишовит | kišóvit |
| lloviznar (vi) | сипити (нг) | sípiti |

| aguacero (m) | пљусак (м) | pljúsak |
| chaparrón (m) | пљусак (м) | pljúsak |
| fuerte (la lluvia ~) | јак | jak |
| charco (m) | бара (ж) | bára |
| mojarse (vr) | покиснути (нг) | pókisnuti |

| niebla (f) | магла (ж) | mágla |
| nebuloso (adj) | магловит | maglóvit |
| nieve (f) | снег (м) | sneg |
| está nevando | пада снег | páda sneg |

## 86. Los eventos climáticos severos. Los desastres naturales

| | | |
|---|---|---|
| tormenta (f) | **олуја** (ж) | olúja |
| relámpago (m) | **муња** (ж) | múnja |
| relampaguear (vi) | **севати** (нг) | sévati |
| | | |
| trueno (m) | **гром** (м) | grom |
| tronar (vi) | **грмети** (нг) | gȑmeti |
| está tronando | **грми** | gȑmi |
| | | |
| granizo (m) | **град** (м) | grad |
| está granizando | **пада град** | páda grad |
| | | |
| inundar (vt) | **поплавити** (пг) | póplaviti |
| inundación (f) | **поплава** (ж) | póplava |
| | | |
| terremoto (m) | **земљотрес** (м) | zémljotres |
| sacudida (f) | **потрес** (м) | pótres |
| epicentro (m) | **епицентар** (м) | epicéntar |
| | | |
| erupción (f) | **ерупција** (ж) | erúpcija |
| lava (f) | **лава** (ж) | láva |
| | | |
| torbellino (m) | **вихор** (м) | víhor |
| tornado (m) | **торнадо** (м) | tórnado |
| tifón (m) | **тајфун** (м) | tájfun |
| | | |
| huracán (m) | **ураган** (м) | úragan |
| tempestad (f) | **олуја** (ж) | olúja |
| tsunami (m) | **цунами** (м) | cunámi |
| | | |
| ciclón (m) | **циклон** (м) | cíklon |
| mal tiempo (m) | **невреме** (c) | névreme |
| incendio (m) | **пожар** (м) | póžar |
| catástrofe (f) | **катастрофа** (ж) | katastrófa |
| meteorito (m) | **метеорит** (м) | meteórit |
| | | |
| avalancha (f) | **лавина** (ж) | lávina |
| alud (m) de nieve | **усов** (м) | úsov |
| ventisca (f) | **мећава** (ж) | méćava |
| nevasca (f) | **мећава, вејавица** (ж) | méćava, véjavica |

# LA FAUNA

**T&P Books Publishing**

## 87. Los mamíferos. Los predadores

| carnívoro (m) | предатор, грабљивац (м) | prédator, grábljivac |
| tigre (m) | тигар (м) | tígar |
| león (m) | лав (м) | lav |
| lobo (m) | вук (м) | vuk |
| zorro (m) | лисица (ж) | lísica |
| jaguar (m) | јагуар (м) | jáguar |
| leopardo (m) | леопард (м) | léopard |
| guepardo (m) | гепард (м) | gépard |
| pantera (f) | пантер (м) | pánter |
| puma (f) | пума (ж) | púma |
| leopardo (m) de las nieves | снежни леопард (м) | snéžni léopard |
| lince (m) | рис (м) | ris |
| coyote (m) | којот (м) | kójot |
| chacal (m) | шакал (м) | šákal |
| hiena (f) | хијена (ж) | hijéna |

## 88. Los animales salvajes

| animal (m) | животиња (ж) | živótinja |
| bestia (f) | звер (м) | zver |
| ardilla (f) | веверица (ж) | véverica |
| erizo (m) | јеж (м) | jež |
| liebre (f) | зец (м) | zec |
| conejo (m) | куниђ (м) | kúnić |
| tejón (m) | јазавац (м) | jázavac |
| mapache (m) | ракун (м) | rákun |
| hámster (m) | хрчак (м) | hŕčak |
| marmota (f) | мрмот (м) | mŕmot |
| topo (m) | кртица (ж) | kŕtica |
| ratón (m) | миш (ж) | miš |
| rata (f) | пацов (м) | pácov |
| murciélago (m) | слепи миш (м) | slépi miš |
| armiño (m) | хермелин (м) | hérmelin |
| cebellina (f) | самур (м) | sámur |

| | | |
|---|---|---|
| marta (f) | куна (ж) | kúna |
| comadreja (f) | ласица (ж) | lásica |
| visón (m) | нерц, визон (м) | nerc, vízon |
| | | |
| castor (m) | дабар (м) | dábar |
| nutria (f) | видра (ж) | vídra |
| | | |
| caballo (m) | коњ (м) | konj |
| alce (m) | лос (м) | los |
| ciervo (m) | јелен (м) | jélen |
| camello (m) | камила (ж) | kámila |
| | | |
| bisonte (m) | бизон (м) | bízon |
| uro (m) | зубар (м) | zúbar |
| búfalo (m) | бивол (м) | bívol |
| | | |
| cebra (f) | зебра (ж) | zébra |
| antílope (m) | антилопа (ж) | antilópa |
| corzo (m) | срна (ж) | sŕna |
| gamo (m) | јелен лопатар (м) | jélen lópatar |
| gamuza (f) | дивокоза (ж) | dívokoza |
| jabalí (m) | вепар (м) | vépar |
| | | |
| ballena (f) | кит (м) | kit |
| foca (f) | фока (ж) | fóka |
| morsa (f) | морж (м) | morž |
| oso (m) marino | фока (ж) | fóka |
| delfín (m) | делфин (м) | délfin |
| | | |
| oso (m) | медвед (м) | médved |
| oso (m) blanco | бели медвед (м) | béli médved |
| panda (f) | панда (ж) | pánda |
| | | |
| mono (m) | мајмун (м) | májmun |
| chimpancé (m) | шимпанза (ж) | šimpánza |
| orangután (m) | орангутан (м) | orangútan |
| gorila (m) | горила (ж) | goríla |
| macaco (m) | макаки (м) | makáki |
| gibón (m) | гибон (м) | gíbon |
| | | |
| elefante (m) | слон (м) | slon |
| rinoceronte (m) | носорог (м) | nósorog |
| jirafa (f) | жирафа (ж) | žiráfa |
| hipopótamo (m) | нилски коњ (м) | nílski konj |
| | | |
| canguro (m) | кенгур (м) | kéngur |
| koala (f) | коала (ж) | koála |
| | | |
| mangosta (f) | мунгос (м) | múngos |
| chinchilla (f) | чинчила (ж) | čínčila |
| mofeta (f) | твор (м) | tvor |
| espín (m) | дикобраз (м) | díkobraz |

## 89. Los animales domésticos

| | | |
|---|---|---|
| gata (f) | мачка (ж) | máčka |
| gato (m) | мачак (м) | máčak |
| perro (m) | пас (м) | pas |
| | | |
| caballo (m) | коњ (м) | konj |
| garañón (m) | ждребац (м) | ždrébac |
| yegua (f) | кобила (ж) | kóbila |
| | | |
| vaca (f) | крава (ж) | kráva |
| toro (m) | бик (м) | bik |
| buey (m) | во (м) | vo |
| | | |
| oveja (f) | овца (ж) | óvca |
| carnero (m) | ован (м) | óvan |
| cabra (f) | коза (ж) | kóza |
| cabrón (m) | јарац (м) | járac |
| | | |
| asno (m) | магарац (м) | mágarac |
| mulo (m) | мазга (ж) | mázga |
| | | |
| cerdo (m) | свиња (ж) | svínja |
| cerdito (m) | прасе (с) | práse |
| conejo (m) | куниђ, домаћи зец (м) | kúnić, dómaći zec |
| | | |
| gallina (f) | кокош (ж) | kókoš |
| gallo (m) | певац (м) | pévac |
| | | |
| pato (m) | патка (ж) | pátka |
| ánade (m) | патак (м) | pátak |
| ganso (m) | гуска (ж) | gúska |
| | | |
| pavo (m) | ћуран (м) | ćúran |
| pava (f) | ћурка (ж) | ćúrka |
| | | |
| animales (m pl) domésticos | домаће животиње (мн) | domáće živótinje |
| domesticado (adj) | питом | pítom |
| domesticar (vt) | припитомљивати (пг) | pripitomljívati |
| criar (vt) | узгајати (пг) | uzgájati |
| | | |
| granja (f) | фарма (ж) | fárma |
| aves (f pl) de corral | живина (ж) | živína |
| ganado (m) | стока (ж) | stóka |
| rebaño (m) | стадо (с) | stádo |
| | | |
| caballeriza (f) | штала (ж) | štála |
| porqueriza (f) | свињац (м) | svínjac |
| vaquería (f) | стаја (ж) | stája |
| conejal (m) | зечињак (м) | zéčinjak |
| gallinero (m) | кокошињац (м) | kókošinjac |

## 90. Los pájaros

| | | |
|---|---|---|
| pájaro (m) | птица (ж) | ptíca |
| paloma (f) | голуб (м) | gólub |
| gorrión (m) | врабац (м) | vrábac |
| carbonero (m) | сеница (ж) | sénica |
| urraca (f) | сврака (ж) | svráka |
| | | |
| cuervo (m) | гавран (м) | gávran |
| corneja (f) | врана (ж) | vrána |
| chova (f) | чавка (ж) | čávka |
| grajo (m) | гачац (м) | gáčac |
| | | |
| pato (m) | патка (ж) | pátka |
| ganso (m) | гуска (ж) | gúska |
| faisán (m) | фазан (м) | fázan |
| | | |
| águila (f) | орао (м) | órao |
| azor (m) | јастреб (м) | jástreb |
| halcón (m) | соко (м) | sóko |
| buitre (m) | суп (м) | sup |
| cóndor (m) | кондор (м) | kóndor |
| | | |
| cisne (m) | лабуд (м) | lábud |
| grulla (f) | ждрал (м) | ždral |
| cigüeña (f) | рода (ж) | róda |
| | | |
| loro (m), papagayo (m) | папагај (м) | papágaj |
| colibrí (m) | колибри (м) | kolíbri |
| pavo (m) real | паун (м) | páun |
| | | |
| avestruz (m) | ној (м) | noj |
| garza (f) | чапља (ж) | čáplja |
| flamenco (m) | фламинго (м) | flamíngo |
| pelícano (m) | пеликан (м) | pelíkan |
| | | |
| ruiseñor (m) | славуј (м) | slávuj |
| golondrina (f) | ластавица (ж) | lástavica |
| | | |
| tordo (m) | дрозд (м) | drozd |
| zorzal (m) | дрозд певач (м) | drozd peváč |
| mirlo (m) | кос (м) | kos |
| | | |
| vencejo (m) | брегуница (ж) | brégunica |
| alondra (f) | шева (ж) | šéva |
| codorniz (f) | препелица (ж) | prépelica |
| | | |
| pájaro carpintero (m) | детлић (м) | détlić |
| cuco (m) | кукавица (ж) | kúkavica |
| lechuza (f) | сова (ж) | sóva |
| búho (m) | совуљага (ж) | sovúljaga |

| | | |
|---|---|---|
| urogallo (m) | велики тетреб (м) | véliki tétreb |
| gallo lira (m) | мали тетреб (м) | máli tétreb |
| perdiz (f) | јаребица (ж) | jarébica |
| | | |
| estornino (m) | чворак (м) | čvórak |
| canario (m) | канаринац (м) | kanarínac |
| ortega (f) | лештарка (ж) | léštarka |
| pinzón (m) | зеба (ж) | zéba |
| camachuelo (m) | зимовка (ж) | zímovka |
| | | |
| gaviota (f) | галеб (м) | gáleb |
| albatros (m) | албатрос (м) | álbatros |
| pingüino (m) | пингвин (м) | píngvin |

## 91. Los peces. Los animales marinos

| | | |
|---|---|---|
| brema (f) | деверика (ж) | devérika |
| carpa (f) | шаран (м) | šáran |
| perca (f) | гргеч (м) | gŕgeč |
| siluro (m) | сом (м) | som |
| lucio (m) | штука (ж) | štúka |
| | | |
| salmón (m) | лосос (м) | lósos |
| esturión (m) | јесетра (ж) | jésetra |
| | | |
| arenque (m) | харинга (ж) | háringa |
| salmón (m) del Atlántico | атлантски лосос (м) | átlantski lósos |
| caballa (f) | скуша (ж) | skúša |
| lenguado (m) | лист (м) | list |
| | | |
| lucioperca (f) | смуђ (м) | smuđ |
| bacalao (m) | бакалар (м) | bakálar |
| atún (m) | туна (ж), туњ (м) | tuna, tunj |
| trucha (f) | пастрмка (ж) | pástrmka |
| | | |
| anguila (f) | јегуља (ж) | jégulja |
| raya (f) eléctrica | ража (ж) | ráža |
| morena (f) | мурина (ж) | múrina |
| piraña (f) | пирана (ж) | pirána |
| | | |
| tiburón (m) | ајкула (ж) | ájkula |
| delfín (m) | делфин (м) | délfin |
| ballena (f) | кит (м) | kit |
| | | |
| centolla (f) | краба (ж) | krába |
| medusa (f) | медуза (ж) | medúza |
| pulpo (m) | хоботница (ж) | hóbotnica |
| | | |
| estrella (f) de mar | морска звезда (ж) | mórska zvézda |
| erizo (m) de mar | морски јеж (м) | mórski jež |

| | | |
|---|---|---|
| caballito (m) de mar | морски коњић (м) | mórski kónjić |
| ostra (f) | острига (ж) | óstriga |
| camarón (m) | шкамп (м) | škamp |
| bogavante (m) | хлап (м) | hlap |
| langosta (f) | јастог (м) | jástog |

## 92. Los anfibios. Los reptiles

| | | |
|---|---|---|
| serpiente (f) | змија (ж) | zmíja |
| venenoso (adj) | отрован | ótrovan |
| | | |
| víbora (f) | шарка (ж) | šárka |
| cobra (f) | кобра (ж) | kóbra |
| pitón (m) | питон (м) | píton |
| boa (f) | удав (м) | údav |
| | | |
| culebra (f) | белоушка (ж) | beloúška |
| serpiente (m) de cascabel | звечарка (ж) | zvéčarka |
| anaconda (f) | анаконда (ж) | anakónda |
| | | |
| lagarto (m) | гуштер (м) | gúšter |
| iguana (f) | игуана (ж) | iguána |
| varano (m) | варан (м) | váran |
| salamandra (f) | даждевњак (м) | daždévnjak |
| camaleón (m) | камелеон (м) | kaméleon |
| escorpión (m) | шкорпија (ж) | škórpija |
| | | |
| tortuga (f) | корњача (ж) | kórnjača |
| rana (f) | жаба (ж) | žába |
| sapo (m) | крастача (ж) | krástača |
| cocodrilo (m) | крокодил (м) | krokódil |

## 93. Los insectos

| | | |
|---|---|---|
| insecto (m) | инсект (м) | ínsekt |
| mariposa (f) | лептир (м) | léptir |
| hormiga (f) | мрав (м) | mrav |
| mosca (f) | мува (ж) | múva |
| mosquito (m) (picadura de ~) | комарац (м) | komárac |
| escarabajo (m) | буба (ж) | búba |
| | | |
| avispa (f) | оса (ж) | ósa |
| abeja (f) | пчела (ж) | pčéla |
| abejorro (m) | бумбар (м) | búmbar |
| moscardón (m) | обад (м) | óbad |
| araña (f) | паук (м) | páuk |
| telaraña (f) | паучина (ж) | páučina |

| | | |
|---|---|---|
| libélula (f) | **вилин коњиц** (м) | vílin kónjic |
| saltamontes (m) | **скакавац** (м) | skákavac |
| mariposa (f) nocturna | **мољац** (м) | móljac |
| | | |
| cucaracha (f) | **бубашваба** (ж) | bubašvába |
| garrapata (f) | **крпељ** (м) | kŕpelj |
| pulga (f) | **бува** (ж) | búva |
| mosca (f) negra | **мушица** (ж) | múšica |
| | | |
| langosta (f) | **миграторни скакавац** (м) | mígratorni skákavac |
| caracol (m) | **пуж** (м) | puž |
| grillo (m) | **цврчак** (м) | cvŕčak |
| luciérnaga (f) | **свитац** (м) | svítac |
| mariquita (f) | **бубамара** (ж) | bubamára |
| sanjuanero (m) | **гундељ** (м) | gúndelj |
| | | |
| sanguijuela (f) | **пијавица** (ж) | píjavica |
| oruga (f) | **гусеница** (ж) | gúsenica |
| lombriz (m) de tierra | **црв** (м) | cŕv |
| larva (f) | **ларва** (ж) | lárva |

T&P BOOKS

# LA FLORA

T&P Books Publishing

| | | |
|---|---|---|
| árbol (m) | дрво (c) | dŕvo |
| foliáceo (adj) | листопадно | lístopadno |
| conífero (adj) | четинарско | čétinarsko |
| de hoja perenne | зимзелено | zímzeleno |
| | | |
| manzano (m) | јабука (ж) | jábuka |
| peral (m) | крушка (ж) | krúška |
| cerezo (m) | трешња (ж) | tréšnja |
| guindo (m) | вишња (ж) | víšnja |
| ciruelo (m) | шљива (ж) | šljíva |
| | | |
| abedul (m) | бреза (ж) | bréza |
| roble (m) | храст (м) | hrast |
| tilo (m) | липа (ж) | lípa |
| pobo (m) | јасика (ж) | jásika |
| arce (m) | јавор (м) | jávor |
| | | |
| pícea (f) | јела (ж) | jéla |
| pino (m) | бор (м) | bor |
| alerce (m) | ариш (м) | áriš |
| | | |
| abeto (m) | јела (ж) | jéla |
| cedro (m) | кедар (м) | kédar |
| | | |
| álamo (m) | топола (ж) | topóla |
| serbal (m) | јаребика (ж) | járebika |
| | | |
| sauce (m) | врба (ж) | vŕba |
| aliso (m) | јова (ж) | jóva |
| | | |
| haya (f) | буква (ж) | búkva |
| olmo (m) | брест (м) | brest |
| | | |
| fresno (m) | јасен (м) | jásen |
| castaño (m) | кестен (м) | késten |
| | | |
| magnolia (f) | магнолија (ж) | magnólija |
| palmera (f) | палма (ж) | pálma |
| ciprés (m) | чемпрес (м) | čémpres |
| | | |
| mangle (m) | мангрово дрво (c) | mángrovo dŕvo |
| baobab (m) | баобаб (м) | báobab |
| eucalipto (m) | еукалиптус (м) | eukalíptus |
| secoya (f) | секвоја (ж) | sekvója |

## 95. Los arbustos

| | | |
|---|---|---|
| mata (f) | грм, жбун (м) | gŕm, žbun |
| arbusto (m) | жбун (м) | žbun |
| | | |
| vid (f) | винова лоза (ж) | vínova lóza |
| viñedo (m) | виноград (м) | vínograd |
| | | |
| frambueso (m) | малина (ж) | málina |
| grosellero (m) negro | црна рибизла (ж) | cŕna ríbizla |
| grosellero (m) rojo | црвена рибизла (ж) | crvéna ríbizla |
| grosellero (m) espinoso | огрозд (м) | ógrozd |
| | | |
| acacia (f) | багрем (м) | bágrem |
| berberís (m) | жутика, шимширика (ж) | žútika, šimšírika |
| jazmín (m) | јасмин (м) | jásmin |
| | | |
| enebro (m) | клека (ж) | kléka |
| rosal (m) | ружин грм (м) | rúžin gŕm |
| escaramujo (m) | шипак (м) | šípak |

## 96. Las frutas. Las bayas

| | | |
|---|---|---|
| fruto (m) | воћка (ж) | vóćka |
| frutos (m pl) | воће, плодови (мн) | vóće, plódovi |
| manzana (f) | јабука (ж) | jábuka |
| pera (f) | крушка (ж) | krúška |
| ciruela (f) | шљива (ж) | šljíva |
| | | |
| fresa (f) | јагода (ж) | jágoda |
| guinda (f) | вишња (ж) | víšnja |
| cereza (f) | трешња (ж) | tréšnja |
| uva (f) | грожђе (с) | gróžđe |
| | | |
| frambuesa (f) | малина (ж) | málina |
| grosella (f) negra | црна рибизла (ж) | cŕna ríbizla |
| grosella (f) roja | црвена рибизла (ж) | crvéna ríbizla |
| grosella (f) espinosa | огрозд (м) | ógrozd |
| arándano (m) agrio | брусница (ж) | brúsnica |
| | | |
| naranja (f) | наранџа (ж) | nárandža |
| mandarina (f) | мандарина (ж) | mandarína |
| piña (f) | ананас (м) | ánanas |
| banana (f) | банана (ж) | banána |
| dátil (m) | урма (ж) | úrma |
| | | |
| limón (m) | лимун (м) | límun |
| albaricoque (m) | кајсија (ж) | kájsija |
| melocotón (m) | бресква (ж) | bréskva |

| kiwi (m) | киви (м) | kívi |
| toronja (f) | грејпфрут (м) | gréjpfrut |

| baya (f) | бобица (ж) | bóbica |
| bayas (f pl) | бобице (мн) | bóbice |
| arándano (m) rojo | брусница (ж) | brúsnica |
| fresa (f) silvestre | шумска јагода (ж) | šúmska jágoda |
| arándano (m) | боровница (ж) | boróvnica |

## 97. Las flores. Las plantas

| flor (f) | цвет (м) | cvet |
| ramo (m) de flores | букет (м) | búket |

| rosa (f) | ружа (ж) | rúža |
| tulipán (m) | тулипан (м) | tulípan |
| clavel (m) | каранфил (м) | karánfil |
| gladiolo (m) | гладиола (ж) | gladióla |

| aciano (m) | различак (м) | razlíčak |
| campanilla (f) | звонце (c) | zvónce |
| diente (m) de león | маслачак (м) | masláčak |
| manzanilla (f) | камилица (ж) | kamílica |

| áloe (m) | алоја (ж) | áloja |
| cacto (m) | кактус (м) | káktus |
| ficus (m) | фикус (м) | fíkus |

| azucena (f) | љиљан (м) | ljíljan |
| geranio (m) | гераниум, здравац (м) | geránium, zdrávac |
| jacinto (m) | зумбул (м) | zúmbul |

| mimosa (f) | мимоза (ж) | mimóza |
| narciso (m) | нарцис (м) | nárcis |
| capuchina (f) | драгољуб (м) | drágoljub |

| orquídea (f) | орхидеја (ж) | orhidéja |
| peonía (f) | божур (м) | bóžur |
| violeta (f) | љубичица (ж) | ljubičíca |

| trinitaria (f) | дан и ноћ | dan i noć |
| nomeolvides (f) | споменак (м) | spoménak |
| margarita (f) | красуљак (м) | krasúljak |

| amapola (f) | мак (м) | mak |
| cáñamo (m) | конопља (ж) | kónoplja |
| menta (f) | нана, метвица (ж) | nána, métvica |

| muguete (m) | ђурђевак (м) | đurđévak |
| campanilla (f) de las nieves | висибаба (ж) | vísibaba |

| | | |
|---|---|---|
| ortiga (f) | коприва (ж) | kópriva |
| acedera (f) | кисељак (м) | kiséljak |
| nenúfar (m) | локвањ (м) | lókvanj |
| helecho (m) | папрат (ж) | páprat |
| liquen (m) | лишај (м) | líšaj |

| | | |
|---|---|---|
| invernadero (m) tropical | стакленик (м) | stáklenik |
| césped (m) | травњак (м) | trávnjak |
| macizo (m) de flores | цветна леја (ж) | cvétna léja |

| | | |
|---|---|---|
| planta (f) | биљка (ж) | bíljka |
| hierba (f) | трава (ж) | tráva |
| hoja (f) de hierba | травчица (ж) | trávčica |

| | | |
|---|---|---|
| hoja (f) | лист (м) | list |
| pétalo (m) | латица (ж) | lática |
| tallo (m) | стабљика (ж) | stábljika |
| tubérculo (m) | гомољ (м) | gómolj |

| | | |
|---|---|---|
| retoño (m) | изданак (м) | ízdanak |
| espina (f) | трн (м) | trn |

| | | |
|---|---|---|
| florecer (vi) | цветати (нг) | cvétati |
| marchitarse (vr) | венути (нг) | vénuti |
| olor (m) | мирис (м) | míris |
| cortar (vt) | одсећи (пг) | ódseći |
| coger (una flor) | убрати (пг) | ubráti |

## 98. Los cereales, los granos

| | | |
|---|---|---|
| grano (m) | зрно (с) | zŕno |
| cereales (m pl) (plantas) | житарице (мн) | žitárice |
| espiga (f) | клас (м) | klas |

| | | |
|---|---|---|
| trigo (m) | пшеница (ж) | pšénica |
| centeno (m) | раж (ж) | raž |
| avena (f) | овас (м) | óvas |

| | | |
|---|---|---|
| mijo (m) | просо (с) | próso |
| cebada (f) | јечам (м) | jéčam |

| | | |
|---|---|---|
| maíz (m) | кукуруз (м) | kukúruz |
| arroz (m) | пиринач (м) | pírinač |
| alforfón (m) | хељда (ж) | héljda |

| | | |
|---|---|---|
| guisante (m) | грашак (м) | grášak |
| fréjol (m) | пасуљ (м) | pásulj |
| soya (f) | соја (ж) | sója |
| lenteja (f) | сочиво (с) | sóčivo |
| habas (f pl) | махунарке (мн) | mahúnarke |

# LOS PAÍSES

**T&P Books Publishing**

| | | |
|---|---|---|
| Afganistán (m) | Авганистан (м) | Avganístan |
| Albania (f) | Албанија (ж) | Albánija |
| Alemania (f) | Немачка (ж) | Némačka |
| Arabia (f) Saudita | Саудијска Арабија (ж) | Sáudijska Árabija |
| Argentina (f) | Аргентина (ж) | Argentína |
| Armenia (f) | Јерменија (ж) | Jérmenija |
| Australia (f) | Аустралија (ж) | Austrálija |
| Austria (f) | Аустрија (ж) | Áustrija |
| Azerbaiyán (m) | Азербејџан (м) | Azerbéjdžan |
| | | |
| Bangladesh (m) | Бангладеш (м) | Bángladeš |
| Bélgica (f) | Белгија (ж) | Bélgija |
| Bielorrusia (f) | Белорусија (ж) | Belorúsija |
| Bolivia (f) | Боливија (ж) | Bolívija |
| Bosnia y Herzegovina | Босна и Херцеговина (ж) | Bósna i Hércegovina |
| Brasil (m) | Бразил (м) | Brázil |
| Bulgaria (f) | Бугарска (ж) | Búgarska |
| | | |
| Camboya (f) | Камбоџа (ж) | Kambódža |
| Canadá (f) | Канада (ж) | Kanada |
| Chequia (f) | Чешка република (ж) | Čéška república |
| Chile (m) | Чиле (м) | Číle |
| China (f) | Кина (ж) | Kína |
| Chipre (m) | Кипар (м) | Kípar |
| Colombia (f) | Колумбија (ж) | Kolúmbija |
| Corea (f) del Norte | Северна Кореја (ж) | Séverna Koréja |
| Corea (f) del Sur | Јужна Кореја (ж) | Júžna Koréja |
| Croacia (f) | Хрватска (ж) | Hrvátska |
| Cuba (f) | Куба (ж) | Kúba |
| | | |
| Dinamarca (f) | Данска (ж) | Dánska |
| Ecuador (m) | Еквадор (м) | Ekvador |
| Egipto (m) | Египат (м) | Egipat |
| Emiratos (m pl) Árabes Unidos | Уједињени Арапски Емирати | Ujedínjeni Árapski Emiráti |
| Escocia (f) | Шкотска (ж) | Škótska |
| Eslovaquia (f) | Словачка (ж) | Slóvačka |
| Eslovenia | Словенија (ж) | Slóvenija |
| España (f) | Шпанија (ж) | Špánija |
| Estados Unidos de América | Сједињене Америчке Државе | Sjédinjene Américke Države |
| Estonia (f) | Естонија (ж) | Estonija |
| Finlandia (f) | Финска (ж) | Fínska |
| Francia (f) | Француска (ж) | Fráncuska |

## 100. Los países. Unidad 2

| | | |
|---|---|---|
| Georgia (f) | Грузија (ж) | Grúzija |
| Ghana (f) | Гана (ж) | Gána |
| Gran Bretaña (f) | Велика Британија (ж) | Vélika Brítanija |
| Grecia (f) | Грчка (ж) | Gŕčka |
| Haití (m) | Хаити (м) | Haiti |
| Hungría (f) | Мађарска (ж) | Máđarska |

| | | |
|---|---|---|
| India (f) | Индија (ж) | Índija |
| Indonesia (f) | Индонезија (ж) | Indonezija |
| Inglaterra (f) | Енглеска (ж) | Engleska |
| Irak (m) | Ирак (м) | Irak |
| Irán (m) | Иран (м) | Iran |
| Irlanda (f) | Ирска (ж) | Irska |
| Islandia (f) | Исланд (м) | Island |
| Islas (f pl) Bahamas | Бахами (мн) | Bahámi |

| | | |
|---|---|---|
| Israel (m) | Израел (м) | Izrael |
| Italia (f) | Италија (ж) | Itálija |

| | | |
|---|---|---|
| Jamaica (f) | Јамајка (ж) | Jamájka |
| Japón (m) | Јапан (м) | Jápan |
| Jordania (f) | Јордан (м) | Jórdan |

| | | |
|---|---|---|
| Kazajstán (m) | Казахстан (м) | Kázahstan |
| Kenia (f) | Кенија (ж) | Kénija |

| | | |
|---|---|---|
| Kirguizistán (m) | Киргистан (м) | Kírgistan |
| Kuwait (m) | Кувајт (м) | Kúvajt |

| | | |
|---|---|---|
| Laos (m) | Лаос (м) | Láos |
| Letonia (f) | Летонија (ж) | Létonija |
| Líbano (m) | Либан (м) | Líban |
| Libia (f) | Либија (ж) | Líbija |
| Liechtenstein (m) | Лихтенштајн (м) | Líhtenštajn |

| | | |
|---|---|---|
| Lituania (f) | Литванија (ж) | Litvánija |
| Luxemburgo (m) | Луксембург (м) | Lúksemburg |

| | | |
|---|---|---|
| Macedonia | Македонија (ж) | Mákedonija |
| Madagascar (m) | Мадагаскар (м) | Madagáskar |
| Malasia (f) | Малезија (ж) | Malézija |
| Malta (f) | Малта (ж) | Málta |
| Marruecos (m) | Мароко (м) | Maróko |
| Méjico (m) | Мексико (м) | Méksiko |
| Moldavia (f) | Молдавија (ж) | Moldávija |
| Mónaco (m) | Монако (м) | Mónako |
| Mongolia (f) | Монголија (ж) | Móngolija |
| Montenegro (m) | Црна Гора (ж) | Cŕna Góra |
| Myanmar (m) | Мјанмар (м) | Mjánmar |

## 101. Los países. Unidad 3

| | | |
|---|---|---|
| Namibia (f) | **Намибија** (ж) | Námibija |
| Nepal (m) | **Непал** (м) | Népal |
| Noruega (f) | **Норвешка** (ж) | Nórveška |
| Nueva Zelanda (f) | **Нови Зеланд** (м) | Nóvi Zéland |
| | | |
| Países Bajos (m pl) | **Низоземска** (ж) | Nízozemska |
| Pakistán (m) | **Пакистан** (м) | Pákistan |
| Palestina (f) | **Палестина** (ж) | Palestína |
| Panamá (f) | **Панама** (ж) | Pánama |
| Paraguay (m) | **Парагвај** (м) | Páragvaj |
| Perú (m) | **Перу** (м) | Péru |
| Polinesia (f) Francesa | **Француска Полинезија** (ж) | Fráncuska Polinézija |
| | | |
| Polonia (f) | **Пољска** (ж) | Póljska |
| Portugal (m) | **Португалија** (ж) | Portugálija |
| | | |
| República (f) Dominicana | **Доминиканска република** (ж) | Dominikanska repúblika |
| República (f) Sudafricana | **Јужноафричка република** (ж) | Južnoáfrička repúblika |
| Rumania (f) | **Румунија** (ж) | Rúmunija |
| Rusia (f) | **Русија** (ж) | Rúsija |
| | | |
| Senegal (m) | **Сенегал** (м) | Sénegal |
| Serbia (f) | **Србија** (ж) | Sŕbija |
| Siria (f) | **Сирија** (ж) | Sírija |
| Suecia (f) | **Шведска** (ж) | Švédska |
| Suiza (f) | **Швајцарска** (ж) | Švájcarska |
| Surinam (m) | **Суринам** (м) | Surínam |
| | | |
| Tayikistán (m) | **Таџикистан** (м) | Tadžikístan |
| Tailandia (f) | **Тајланд** (м) | Tájland |
| Taiwán (m) | **Тајван** (м) | Tájvan |
| Tanzania (f) | **Танзанија** (ж) | Tánzanija |
| Tasmania (f) | **Тасманија** (ж) | Tásmanija |
| Túnez (m) | **Тунис** (м) | Túnis |
| Turkmenistán (m) | **Туркменистан** (м) | Turkménistan |
| Turquía (f) | **Турска** (ж) | Túrska |
| | | |
| Ucrania (f) | **Украјина** (ж) | Úkrajina |
| Uruguay (m) | **Уругвај** (м) | Urugvaj |
| Uzbekistán (m) | **Узбекистан** (м) | Uzbekistan |
| Vaticano (m) | **Ватикан** (м) | Vátikan |
| Venezuela (f) | **Венецуела** (ж) | Venecuéla |
| Vietnam (m) | **Вијетнам** (м) | Víjetnam |
| Zanzíbar (m) | **Занзибар** (м) | Zanzibar |

# GLOSARIO
# GASTRONÓMICO

Esta sección contiene una
gran cantidad de palabras y
términos asociados con la
comida. Este diccionario le hará
más fácil la comprensión
del menú de un restaurante y
la elección del plato adecuado

T&P Books Publishing

# Español-Serbio glosario gastronómico

| | | |
|---|---|---|
| ¡Que aproveche! | Пријатно! | Príjatno! |
| abrebotellas (m) | отварач (м) | otvárač |
| abrelatas (m) | отварач (м) | otvárač |
| aceite (m) de girasol | сунцокретово уље (c) | súncokretovo úlje |
| aceite (m) de oliva | маслиново уље (c) | máslinovo úlje |
| aceite (m) vegetal | зејтин (м) | zéjtin |
| agua (f) | вода (ж) | vóda |
| agua (f) mineral | кисела вода (ж) | kísela vóda |
| agua (f) potable | питка вода (ж) | pítka vóda |
| aguacate (m) | авокадо (м) | avokádo |
| ahumado (adj) | димљени | dímljeni |
| ajo (m) | бели лук (м) | béli luk |
| albahaca (f) | босиљак (м) | bósiljak |
| albaricoque (m) | кајсија (ж) | kájsija |
| alcachofa (f) | артичока (ж) | artičóka |
| alforfón (m) | хељда (ж) | héljda |
| almendra (f) | бадем (м) | bádem |
| almuerzo (m) | ручак (м) | rúčak |
| amargo (adj) | горак | górak |
| anís (m) | анис (м) | ánis |
| anguila (f) | јегуља (ж) | jégulja |
| aperitivo (m) | аперитив (м) | áperitiv |
| apetito (m) | апетит (м) | apétit |
| apio (m) | целер (м) | céler |
| arándano (m) | боровница (ж) | boróvnica |
| arándano (m) agrio | брусница (ж) | brúsnica |
| arándano (m) rojo | брусница (ж) | brúsnica |
| arenque (m) | харинга (ж) | háringa |
| arroz (m) | пиринач (м) | pírinač |
| atún (m) | туњевина (ж) | túnjevina |
| avellana (f) | лешник (м) | léšnik |
| avena (f) | овас (м) | óvas |
| azúcar (m) | шећер (м) | šéćer |
| azafrán (m) | шафран (м) | šáfran |
| azucarado, dulce (adj) | сладак | sládak |
| bacalao (m) | бакалар (м) | bakálar |
| banana (f) | банана (ж) | banána |
| bar (m) | бар (м) | bar |
| barman (m) | бармен (м) | bármen |
| batido (m) | милкшејк (м) | mílkšejk |
| baya (f) | бобица (ж) | bóbica |
| bayas (f pl) | бобице (мн) | bóbice |
| bebida (f) sin alcohol | безалкохолно пиће (c) | bézalkoholno píće |
| bebidas (f pl) alcohólicas | алкохолна пића (мн) | álkoholna píća |

| beicon (m) | сланина (ж) | slánina |
| berenjena (f) | патлиџан (м) | patlidžán |
| bistec (m) | бифтек (м) | bíftek |
| bocadillo (m) | сендвич (м) | séndvič |
| boleto (m) áspero | брезов дед (м) | brézov ded |
| boleto (m) castaño | јасикин турчин (м) | jásikin túrčin |
| brócoli (m) | брокуле (мн) | brókule |
| brema (f) | деверика (ж) | devérika |
| cóctel (m) | коктел (м) | kóktel |
| caballa (f) | скуша (ж) | skúša |
| cacahuete (m) | кикирики (м) | kikiríki |
| café (m) | кафа (ж) | káfa |
| café (m) con leche | кафа (ж) са млеком | káfa sa mlékom |
| café (m) solo | црна кафа (ж) | cŕna káfa |
| café (m) soluble | инстант кафа (ж) | ínstant káfa |
| calabacín (m) | тиквица (ж) | tíkvica |
| calabaza (f) | тиква (ж) | tíkva |
| calamar (m) | лигња (ж) | lígnja |
| caldo (m) | буљон (м) | búljon |
| caliente (adj) | врућ | vruć |
| caloría (f) | калорија (ж) | kalórija |
| camarón (m) | шкамп (м) | škamp |
| camarera (f) | конобарица (ж) | konobárica |
| camarero (m) | конобар (м) | kónobar |
| canela (f) | цимет (м) | címet |
| cangrejo (m) de mar | краба (ж) | krába |
| capuchino (m) | капучино (м) | kapučíno |
| caramelo (m) | бомбона (ж) | bombóna |
| carbohidratos (m pl) | угљени хидрати (мн) | úgljeni hidráti |
| carne (f) | месо (с) | méso |
| carne (f) de carnero | јагњетина (ж) | jágnjetina |
| carne (f) de cerdo | свињетина (ж) | svínjetina |
| carne (f) de ternera | телетина (ж) | téletina |
| carne (f) de vaca | говедина (ж) | góvedina |
| carne (f) picada | млевено месо (с) | mléveno méso |
| carpa (f) | шаран (м) | šáran |
| carta (f) de vinos | винска карта (ж) | vínska kárta |
| carta (f), menú (m) | јеловник (м) | jélovnik |
| caviar (m) | кавијар (м) | kávijar |
| caza (f) menor | дивљач (ж) | dívljač |
| cebada (f) | јечам (м) | jéčam |
| cebolla (f) | црни лук (м) | cŕni luk |
| cena (f) | вечера (ж) | véčera |
| centeno (m) | раж (ж) | raž |
| cereales (m pl) | житарице (мн) | žitárice |
| cereales (m pl) integrales | житарице (мн) | žitárice |
| cereza (f) | трешња (ж) | tréšnja |
| cerveza (f) | пиво (с) | pívo |
| cerveza (f) negra | тамно пиво (с) | támno pívo |
| cerveza (f) rubia | светло пиво (с) | svétlo pívo |
| champaña (f) | шампањац (м) | šampánjac |
| chicle (m) | гума (ж) за жвакање | gúma za žvákanje |

| | | |
|---|---|---|
| chocolate (m) | чоколада (ж) | čokoláda |
| cilantro (m) | коријандер (м) | korijánder |
| ciruela (f) | шљива (ж) | šljíva |
| clara (f) | беланце (с) | belánce |
| clavo (m) | каранфил (м) | karánfil |
| coñac (m) | коњак (м) | kónjak |
| cocido en agua (adj) | кувани | kúvani |
| cocina (f) | кухиња (ж) | kúhinja |
| col (f) | купус (м) | kúpus |
| col (f) de Bruselas | прокељ (м) | prókelj |
| coliflor (f) | карфиол (м) | karfíol |
| colmenilla (f) | смрчак (м) | smŕčak |
| comida (f) | храна (ж) | hrána |
| comino (m) | ким (м) | kim |
| con gas | газиран | gazíran |
| con hielo | са ледом | sa lédom |
| condimento (m) | зачин (м) | záčin |
| conejo (m) | зец (м) | zec |
| confitura (f) | џем (м), мармелада (ж) | džem, marmeláda |
| confitura (f) | слатко (с) | slátko |
| congelado (adj) | замрзнут | zámrznut |
| conservas (f pl) | конзерве (мн) | konzérve |
| copa (f) de vino | чаша (ж) за вино | čáša za víno |
| copos (m pl) de maíz | кукурузне пахуљице (мн) | kukúruzne pahúljice |
| crema (f) de mantequilla | крем (м) | krem |
| crustáceos (m pl) |ракови (мн) | rákovi |
| cuchara (f) | кашика (ж) | kášika |
| cuchara (f) de sopa | супена кашика (ж) | súpena kášika |
| cucharilla (f) | кашичица (ж) | kášičica |
| cuchillo (m) | нож (м) | nož |
| cuenta (f) | рачун (м) | ráčun |
| dátil (m) | урма (ж) | úrma |
| de chocolate (adj) | чоколадни | čókoladni |
| desayuno (m) | доручак (м) | dóručak |
| dieta (f) | дијета (ж) | dijéta |
| eneldo (m) | мирођија (ж) | miróđija |
| ensalada (f) | салата (ж) | saláta |
| entremés (m) | предјело (с) | prédjelo |
| espárrago (m) | шпаргла (ж) | špárgla |
| espagueti (m) | шпагете (мн) | špagéte |
| especia (f) | зачин (м) | záčin |
| espiga (f) | клас (м) | klas |
| espinaca (f) | спанаћ (м) | spánać |
| esturión (m) | јесетра (ж) | jésetra |
| fletán (m) | пацифички лист (м) | pacífički list |
| fréjol (m) | пасуљ (м) | pásulj |
| frío (adj) | хладан | hládan |
| frambuesa (f) | малина (ж) | málina |
| fresa (f) | јагода (ж) | jágoda |
| fresa (f) silvestre | шумска јагода (ж) | šúmska jágoda |
| frito (adj) | пржени | pŕženi |

| | | |
|---|---|---|
| fruto (m) | воће (c) | vóće |
| frutos (m pl) | воће, плодови (мн) | vóće, plódovi |
| gachas (f pl) | каша (ж) | káša |
| galletas (f pl) | колачић (м) | koláčić |
| gallina (f) | пилетина, кокош (ж) | píletina, kokoš |
| ganso (m) | гуска (ж) | gúska |
| gaseoso (adj) | gazíran | gazíran |
| ginebra (f) | џин (м) | džin |
| gofre (m) | облатне (мн) | óblatne |
| granada (f) | нар (м) | nar |
| grano (m) | зрно (c) | zŕno |
| grasas (f pl) | масти (мн) | másti |
| grosella (f) espinosa | огрозд (м) | ógrozd |
| grosella (f) negra | црна рибизла (ж) | cŕna ríbizla |
| grosella (f) roja | црвена рибизла (ж) | crvéna ríbizla |
| guarnición (f) | прилог (м) | prílog |
| guinda (f) | вишња (ж) | víšnja |
| guisante (m) | грашак (м) | grášak |
| hígado (m) | џигерица (ж) | džígerica |
| habas (f pl) | махунарке (мн) | mahúnarke |
| hamburguesa (f) | хамбургер (м) | hámburger |
| harina (f) | брашно (c) | brášno |
| helado (m) | сладолед (м) | sládoled |
| hielo (m) | лед (м) | led |
| higo (m) | смоква (ж) | smókva |
| hoja (f) de laurel | ловор (м) | lóvor |
| huevo (m) | jaje (c) | jáje |
| huevos (m pl) | jaja (мн) | jája |
| huevos (m pl) fritos | пржена jaja (мн) | pŕžena jája |
| jamón (m) | шунка (ж) | šúnka |
| jamón (m) fresco | шунка (ж) | šúnka |
| jengibre (m) | ђумбир (м) | đúmbir |
| jugo (m) de tomate | сок (м) од парадаjза | sok od parádajza |
| kiwi (m) | киви (м) | kívi |
| langosta (f) | jастог (м) | jástog |
| leche (f) | млеко (c) | mléko |
| leche (f) condensada | кондензовано млеко (c) | kondenzóvano mléko |
| lechuga (f) | зелена салата (ж) | zélena saláta |
| legumbres (f pl) | поврће (c) | póvrće |
| lengua (f) | jезик (м) | jézik |
| lenguado (m) | лист (м) | list |
| lenteja (f) | сочиво (c) | sóčivo |
| licor (m) | ликер (м) | líker |
| limón (m) | лимун (м) | límun |
| limonada (f) | лимунада (ж) | limunáda |
| loncha (f) | парче (c) | párče |
| lucio (m) | штука (ж) | štúka |
| lucioperca (f) | смуђ (м) | smuđ |
| maíz (m) | кукуруз (м) | kukúruz |
| maíz (m) | кукуруз (м) | kukúruz |
| macarrones (m pl) | макарони (мн) | mákaroni |
| mandarina (f) | мандарина (ж) | mandarína |

| | | |
|---|---|---|
| mango (m) | манго (м) | mángo |
| mantequilla (f) | маслац (м) | máslac |
| manzana (f) | јабука (ж) | jábuka |
| margarina (f) | маргарин (м) | margárin |
| marinado (adj) | маринирани | marinírani |
| mariscos (m pl) | морски плодови (мн) | mórski plódovi |
| matamoscas (m) | мухара (ж) | múhara |
| mayonesa (f) | мајонез (м), мајонеза (ж) | majonéz, majonéza |
| melón (m) | диња (ж) | dínja |
| melocotón (m) | бресква (ж) | bréskva |
| mermelada (f) | мармелада (ж) | marmeláda |
| miel (f) | мед (м) | med |
| miga (f) | мрва (ж) | mŕva |
| mijo (m) | просо (с) | próso |
| mini tarta (f) | колач (м) | kólač |
| mondadientes (m) | чачкалица (ж) | čáčkalica |
| mostaza (f) | сенф (м) | senf |
| nabo (m) | репа (ж) | répa |
| naranja (f) | наранџа (ж) | nárandža |
| nata (f) agria | кисела павлака (ж) | kísela pávlaka |
| nata (f) líquida | павлака (ж) | pávlaka |
| nuez (f) | орах (м) | órah |
| nuez (f) de coco | кокосов орах (м) | kókosov órah |
| olivas, aceitunas (f pl) | маслине (мн) | másline |
| oronja (f) verde | отровна гљива (ж) | ótrovna gljíva |
| ostra (f) | острига (ж) | óstriga |
| pan (m) | хлеб (м) | hleb |
| papaya (f) | папаја (ж) | papája |
| paprika (f) | паприка (ж) | páprika |
| pasas (f pl) | суво грожђе (с) | súvo gróžđe |
| pasteles (m pl) | посластице (мн) | póslastice |
| paté (m) | паштета (ж) | paštéta |
| patata (f) | кромпир (м) | krómpir |
| pato (m) | патка (ж) | pátka |
| pava (f) | ћуретина (ж) | ćurétina |
| pedazo (m) | комад (м) | kómad |
| pepino (m) | краставац (м) | krástavac |
| pera (f) | крушка (ж) | krúška |
| perca (f) | гргеч (м) | gŕgeč |
| perejil (m) | першун (м) | péršun |
| pescado (m) | риба (ж) | ríba |
| piña (f) | ананас (м) | ánanas |
| piel (f) | кора (ж) | kóra |
| pimienta (f) negra | црни бибер (м) | cŕni bíber |
| pimienta (f) roja | црвени бибер (м) | cŕveni bíber |
| pimiento (m) dulce | паприка (ж) | páprika |
| pistachos (m pl) | пистаћи (мн) | pistáći |
| pizza (f) | пица (ж) | píca |
| platillo (m) | тацна (ж) | tácna |
| plato (m) | јело (с) | jélo |
| plato (m) | тањир (м) | tánjir |
| pomelo (m) | грејпфрут (м) | gréjpfrut |

| | | |
|---|---|---|
| porción (f) | порција (ж) | pórcija |
| postre (m) | десерт (м) | désert |
| propina (f) | бакшиш (м) | bákšiš |
| proteínas (f pl) | беланчевине (мн) | belánčevine |
| pudin (m) | пудинг (м) | púding |
| puré (m) de patatas | кромпир пире (м) | krómpir píre |
| queso (m) | сир (м) | sir |
| rábano (m) | ротквица (ж) | rótkvica |
| rábano (m) picante | рен, хрен (м) | ren, hren |
| rúsula (f) | красница (ж) | krásnica |
| rebozuelo (m) | лисичарка (ж) | lísičarka |
| receta (f) | рецепт (м) | récept |
| refresco (m) | освежавајући напитак (м) | osvežávajući nápitak |
| regusto (m) | укус (м) | úkus |
| relleno (m) | надев (м) | nádev |
| remolacha (f) | цвекла (ж) | cvékla |
| ron (m) | рум (м) | rum |
| sésamo (m) | сусам (м) | súsam |
| sabor (m) | укус (м) | úkus |
| sabroso (adj) | укусан | úkusan |
| sacacorchos (m) | вадичеп (м) | vádičep |
| sal (f) | со (ж) | so |
| salado (adj) | слан | slan |
| salchichón (m) | кобасица (ж) | kobásica |
| salchicha (f) | виршла (ж) | víršla |
| salmón (m) | лосос (м) | lósos |
| salmón (m) del Atlántico | атлантски лосос (м) | átlantski lósos |
| salsa (f) | сос (м) | sos |
| sandía (f) | лубеница (ж) | lubénica |
| sardina (f) | сардина (ж) | sardína |
| seco (adj) | сув | suv |
| seta (f) | гљива, печурка (ж) | gljíva, péčurka |
| seta (f) comestible | јестива гљива, печурка (ж) | jéstiva gljíva, péčurka |
| seta (f) venenosa | отровна гљива (ж) | ótrovna gljíva |
| seta calabaza (f) | вргањ (м) | vŕganj |
| siluro (m) | сом (м) | som |
| sin alcohol | безалкохолан | bézalkoholan |
| sin gas | негазиран | negazíran |
| sopa (f) | супа (ж) | súpa |
| soya (f) | соја (ж) | sója |
| té (m) | чај (м) | čaj |
| té (m) negro | црни чај (м) | cŕni čaj |
| té (m) verde | зелени чај (м) | zéleni čaj |
| tallarines (m pl) | резанци (мн) | rezánci |
| tarta (f) | торта (ж) | tórta |
| tarta (f) | пита (ж) | píta |
| taza (f) | шоља (ж) | šólja |
| tenedor (m) | виљушка (ж) | víljuška |
| tiburón (m) | ајкула (ж) | ájkula |
| tomate (m) | парадајз (м) | parádajz |

| | | |
|---|---|---|
| tortilla (f) francesa | омлет (м) | ómlet |
| trigo (m) | пшеница (ж) | pšénica |
| trucha (f) | пастрмка (ж) | pástrmka |
| uva (f) | грожђе (с) | gróžđe |
| vaso (m) | чаша (ж) | čáša |
| vegetariano (adj) | вегетаријански | vegetaríjanski |
| vegetariano (m) | вегетаријанац (м) | vegetarijánac |
| verduras (f pl) | зелен (ж) | zélen |
| vermú (m) | вермут (м) | vérmut |
| vinagre (m) | сирће (с) | sírće |
| vino (m) | вино (с) | víno |
| vino (m) blanco | бело вино (с) | bélo víno |
| vino (m) tinto | црно вино (с) | cŕno víno |
| vitamina (f) | витамин (м) | vitámin |
| vodka (m) | вотка (ж) | vótka |
| whisky (m) | виски (м) | víski |
| yema (f) | жуманце (с) | žumánce |
| yogur (m) | јогурт (м) | jógurt |
| zanahoria (f) | шаргарепа (ж) | šargarépa |
| zarzamoras (f pl) | купина (ж) | kupína |
| zumo (m) de naranja | сок (м) од наранџе | sok od nárandže |
| zumo (m) fresco | свеже цеђени сок (м) | svéže céđeni sok |
| zumo (m), jugo (m) | сок (м) | sok |

| | | |
|---|---|---|
| gazíran | gazíran | gaseoso (adj) |
| авокадо (м) | avokádo | aguacate (m) |
| ајкула (ж) | ájkula | tiburón (m) |
| алкохолна пића (мн) | álkoholna píća | bebidas (f pl) alcohólicas |
| ананас (м) | ánanas | piña (f) |
| анис (м) | ánis | anís (m) |
| аперитив (м) | áperitiv | aperitivo (m) |
| апетит (м) | apétit | apetito (m) |
| артичока (ж) | artičóka | alcachofa (f) |
| атлантски лосос (м) | átlantski lósos | salmón (m) del Atlántico |
| бадем (м) | bádem | almendra (f) |
| бакалар (м) | bakálar | bacalao (m) |
| бакшиш (м) | bákšiš | propina (f) |
| банана (ж) | banána | banana (f) |
| бар (м) | bar | bar (m) |
| бармен (м) | bármen | barman (m) |
| безалкохолан | bézalkoholan | sin alcohol |
| безалкохолно пиће (с) | bézalkoholno píće | bebida (f) sin alcohol |
| беланце (с) | belánce | clara (f) |
| беланчевине (мн) | belánčevine | proteínas (f pl) |
| бели лук (м) | béli luk | ajo (m) |
| бело вино (с) | bélo víno | vino (m) blanco |
| бифтек (м) | bíftek | bistec (m) |
| бобица (ж) | bóbica | baya (f) |
| бобице (мн) | bóbice | bayas (f pl) |
| бомбона (ж) | bombóna | caramelo (m) |
| боровница (ж) | boróvnica | arándano (m) |
| босиљак (м) | bósiljak | albahaca (f) |
| брашно (с) | brášno | harina (f) |
| брезов дед (м) | brézov ded | boleto (m) áspero |
| бресква (ж) | bréskva | melocotón (m) |
| брокуле (мн) | brókule | brócoli (m) |
| брусница (ж) | brúsnica | arándano (m) agrio |
| брусница (ж) | brúsnica | arándano (m) rojo |
| буљон (м) | búljon | caldo (m) |
| вадичеп (м) | vádičep | sacacorchos (m) |
| вегетаријанац (м) | vegetarijánac | vegetariano (m) |
| вегетаријански | vegetaríjanski | vegetariano (adj) |
| вермут (м) | vérmut | vermú (m) |
| вечера (ж) | véčera | cena (f) |
| виљушка (ж) | víljuška | tenedor (m) |
| вино (с) | víno | vino (m) |
| винска карта (ж) | vínska kárta | carta (f) de vinos |
| виршла (ж) | víršla | salchicha (f) |

| | | |
|---|---|---|
| виски (м) | víski | whisky (m) |
| витамин (м) | vitámin | vitamina (f) |
| вишња (ж) | víšnja | guinda (f) |
| вода (ж) | vóda | agua (f) |
| вотка (ж) | vótka | vodka (m) |
| воће (с) | vóće | fruto (m) |
| воће, плодови (мн) | vóće, plódovi | frutos (m pl) |
| вргањ (м) | vŕganj | seta calabaza (f) |
| врућ | vruć | caliente (adj) |
| газиран | gazíran | con gas |
| гљива, печурка (ж) | gljíva, péčurka | seta (f) |
| говедина (ж) | góvedina | carne (f) de vaca |
| горак | górak | amargo (adj) |
| грашак (м) | grášak | guisante (m) |
| гргеч (м) | gŕgeč | perca (f) |
| грејпфрут (м) | gréjpfrut | pomelo (m) |
| грожђе (с) | gróžđe | uva (f) |
| гума (ж) за жвакање | gúma za žvákanje | chicle (m) |
| гуска (ж) | gúska | ganso (m) |
| деверика (ж) | devérika | brema (f) |
| десерт (м) | désert | postre (m) |
| дивљач (ж) | dívljač | caza (f) menor |
| дијета (ж) | dijéta | dieta (f) |
| димљени | dímljeni | ahumado (adj) |
| диња (ж) | dínja | melón (m) |
| доручак (м) | dóručak | desayuno (m) |
| ђумбир (м) | đúmbir | jengibre (m) |
| житарице (мн) | žitárice | cereales (m pl) integrales |
| житарице (мн) | žitárice | cereales (m pl) |
| жуманце (с) | žumánce | yema (f) |
| замрзнут | zámrznut | congelado (adj) |
| зачин (м) | záčin | condimento (m) |
| зачин (м) | záčin | especia (f) |
| зејтин (м) | zéjtin | aceite (m) vegetal |
| зелен (ж) | zélen | verduras (f pl) |
| зелена салата (ж) | zélena saláta | lechuga (f) |
| зелени чај (м) | zéleni čaj | té (m) verde |
| зец (м) | zec | conejo (m) |
| зрно (с) | zŕno | grano (m) |
| инстант кафа (ж) | ínstant káfa | café (m) soluble |
| јабука (ж) | jábuka | manzana (f) |
| јагњетина (ж) | jágnjetina | carne (f) de carnero |
| јагода (ж) | jágoda | fresa (f) |
| јаја (мн) | jája | huevos (m pl) |
| јаје (с) | jáje | huevo (m) |
| јасикин турчин (м) | jásikin túrčin | boleto (m) castaño |
| јастог (м) | jástog | langosta (f) |
| јегуља (ж) | jégulja | anguila (f) |
| језик (м) | jézik | lengua (f) |
| јело (с) | jélo | plato (m) |
| јеловник (м) | jélovnik | carta (f), menú (m) |
| јесетра (ж) | jésetra | esturión (m) |

| | | |
|---|---|---|
| јестива гљива, печурка (ж) | jéstiva gljíva, péčurka | seta (f) comestible |
| јечам (м) | jéčam | cebada (f) |
| јогурт (м) | jógurt | yogur (m) |
| кавијар (м) | kávijar | caviar (m) |
| кајсија (ж) | kájsija | albaricoque (m) |
| калорија (ж) | kalórija | caloría (f) |
| капучино (м) | kapučíno | capuchino (m) |
| каранфил (м) | karánfil | clavo (m) |
| карфиол (м) | karfíol | coliflor (f) |
| кафа (ж) | káfa | café (m) |
| кафа (ж) са млеком | káfa sa mlékom | café (m) con leche |
| каша (ж) | káša | gachas (f pl) |
| кашика (ж) | kášika | cuchara (f) |
| кашичица (ж) | kášičica | cucharilla (f) |
| киви (м) | kívi | kiwi (m) |
| кикирики (м) | kikiríki | cacahuete (m) |
| ким (м) | kim | comino (m) |
| кисела вода (ж) | kísela vóda | agua (f) mineral |
| кисела павлака (ж) | kísela pávlaka | nata (f) agria |
| клас (м) | klas | espiga (f) |
| кобасица (ж) | kobásica | salchichón (m) |
| кокосов орах (м) | kókosov órah | nuez (f) de coco |
| коктел (м) | kóktel | cóctel (m) |
| колач (м) | kólač | mini tarta (f) |
| колачић (м) | koláčić | galletas (f pl) |
| комад (м) | kómad | pedazo (m) |
| кондензовано млеко (с) | kondenzóvano mléko | leche (f) condensada |
| конзерве (мн) | konzérve | conservas (f pl) |
| конобар (м) | kónobar | camarero (m) |
| конобарица (ж) | konobárica | camarera (f) |
| коњак (м) | kónjak | coñac (m) |
| кора (ж) | kóra | piel (f) |
| коријандер (м) | korijánder | cilantro (m) |
| краба (ж) | krába | cangrejo (m) de mar |
| красница (ж) | krásnica | rúsula (f) |
| краставац (м) | krástavac | pepino (m) |
| крем (м) | krem | crema (f) de mantequilla |
| кромпир (м) | krómpir | patata (f) |
| кромпир пире (м) | krómpir píre | puré (m) de patatas |
| крушка (ж) | krúška | pera (f) |
| кувани | kúvani | cocido en agua (adj) |
| кукуруз (м) | kukúruz | maíz (m) |
| кукуруз (м) | kukúruz | maíz (m) |
| кукурузне пахуљице (мн) | kukúruzne pahúljice | copos (m pl) de maíz |
| купина (ж) | kupína | zarzamoras (f pl) |
| купус (м) | kúpus | col (f) |
| кухиња (ж) | kúhinja | cocina (f) |
| лед (м) | led | hielo (m) |
| лешник (м) | léšnik | avellana (f) |
| лигња (ж) | lígnja | calamar (m) |

| | | |
|---|---|---|
| ликер (м) | líker | licor (m) |
| лимун (м) | límun | limón (m) |
| лимунада (ж) | limunáda | limonada (f) |
| лисичарка (ж) | lísičarka | rebozuelo (m) |
| лист (м) | list | lenguado (m) |
| ловор (м) | lóvor | hoja (f) de laurel |
| лосос (м) | lósos | salmón (m) |
| лубеница (ж) | lubénica | sandía (f) |
| мајонез (м), мајонеза (ж) | majonéz, majonéza | mayonesa (f) |
| макарони (мн) | mákaroni | macarrones (m pl) |
| малина (ж) | málina | frambuesa (f) |
| манго (м) | mángo | mango (m) |
| мандарина (ж) | mandarína | mandarina (f) |
| маргарин (м) | margárin | margarina (f) |
| маринирани | marinírani | marinado (adj) |
| мармелада (ж) | marmeláda | mermelada (f) |
| маслац (м) | máslac | mantequilla (f) |
| маслине (мн) | másline | olivas, aceitunas (f pl) |
| маслиново уље (с) | máslinovo úlje | aceite (m) de oliva |
| масти (мн) | másti | grasas (f pl) |
| махунарке (мн) | mahúnarke | habas (f pl) |
| мед (м) | med | miel (f) |
| месо (с) | méso | carne (f) |
| милкшејк (м) | mílkšejk | batido (m) |
| мирођија (ж) | miróđija | eneldo (m) |
| млевено месо (с) | mléveno méso | carne (f) picada |
| млеко (с) | mléko | leche (f) |
| морски плодови (мн) | mórski plódovi | mariscos (m pl) |
| мрва (ж) | mŕva | miga (f) |
| мухара (ж) | múhara | matamoscas (m) |
| надев (м) | nádev | relleno (m) |
| нар (м) | nar | granada (f) |
| наранџа (ж) | nárandža | naranja (f) |
| негазиран | negazíran | sin gas |
| нож (м) | nož | cuchillo (m) |
| облатне (мн) | óblatne | gofre (m) |
| овас (с) | óvas | avena (f) |
| огрозд (м) | ógrozd | grosella (f) espinosa |
| омлет (м) | ómlet | tortilla (f) francesa |
| орах (м) | órah | nuez (f) |
| освежавајући напитак (м) | osvežávajući nápitak | refresco (m) |
| острига (ж) | óstriga | ostra (f) |
| отварач (м) | otvárač | abrebotellas (m) |
| отварач (м) | otvárač | abrelatas (m) |
| отровна гљива (ж) | ótrovna gljíva | seta (f) venenosa |
| отровна гљива (ж) | ótrovna gljíva | oronja (f) verde |
| павлака (ж) | pávlaka | nata (f) líquida |
| папаја (ж) | papája | papaya (f) |
| паприка (ж) | páprika | pimiento (m) dulce |
| паприка (ж) | páprika | paprika (f) |
| парадајз (м) | parádajz | tomate (m) |

| парче (c) | párče | loncha (f) |
| пастрмка (ж) | pástrmka | trucha (f) |
| пасуљ (м) | pásulj | fréjol (m) |
| патка (ж) | pátka | pato (m) |
| патлиџан (м) | patlidžán | berenjena (f) |
| пацифички лист (м) | pacífički list | fletán (m) |
| паштета (ж) | paštéta | paté (m) |
| першун (м) | péršun | perejil (m) |
| пиво (c) | pívo | cerveza (f) |
| пилетина, кокош (ж) | píletina, kokoš | gallina (f) |
| пиринач (м) | pírinač | arroz (m) |
| пистаћи (мн) | pistáći | pistachos (m pl) |
| пита (ж) | píta | tarta (f) |
| питка вода (ж) | pítka vóda | agua (f) potable |
| пица (ж) | píca | pizza (f) |
| поврће (c) | póvrće | legumbres (f pl) |
| порција (ж) | pórcija | porción (f) |
| посластице (мн) | póslastice | pasteles (m pl) |
| предјело (c) | prédjelo | entremés (m) |
| пржена јаја (мн) | pŕžena jája | huevos (m pl) fritos |
| пржени | pŕženi | frito (adj) |
| Пријатно! | Príjatno! | ¡Que aproveche! |
| прилог (м) | prílog | guarnición (f) |
| прокељ (м) | prókelj | col (f) de Bruselas |
| просо (c) | próso | mijo (m) |
| пудинг (м) | púding | pudin (m) |
| пшеница (ж) | pšénica | trigo (m) |
| раж (ж) | raž | centeno (m) |
| ракови (мн) | rákovi | crustáceos (m pl) |
| рачун (м) | ráčun | cuenta (f) |
| резанци (мн) | rezánci | tallarines (m pl) |
| рен, хрен (м) | ren, hren | rábano (m) picante |
| репа (ж) | répa | nabo (m) |
| рецепт (м) | récept | receta (f) |
| риба (ж) | ríba | pescado (m) |
| ротквица (ж) | rótkvica | rábano (m) |
| рум (м) | rum | ron (m) |
| ручак (м) | rúčak | almuerzo (m) |
| са ледом | sa lédom | con hielo |
| салата (ж) | saláta | ensalada (f) |
| сардина (ж) | sardína | sardina (f) |
| свеже цеђени сок (м) | svéže céđeni sok | zumo (m) fresco |
| светло пиво (c) | svétlo pívo | cerveza (f) rubia |
| свињетина (ж) | svínjetina | carne (f) de cerdo |
| сендвич (м) | séndvič | bocadillo (m) |
| сенф (м) | senf | mostaza (f) |
| сир (м) | sir | queso (m) |
| сирће (c) | sírće | vinagre (m) |
| скуша (ж) | skúša | caballa (f) |
| сладак | sládak | azucarado, dulce (adj) |
| сладолед (м) | sládoled | helado (m) |
| слан | slan | salado (adj) |

| | | |
|---|---|---|
| сланина (ж) | slánina | beicon (m) |
| слатко (с) | slátko | confitura (f) |
| смоква (ж) | smókva | higo (m) |
| смрчак (м) | smŕčak | colmenilla (f) |
| смуђ (м) | smuđ | lucioperca (f) |
| со (ж) | so | sal (f) |
| соја (ж) | sója | soya (f) |
| сок (м) | sok | zumo (m), jugo (m) |
| сок (м) од наранџе | sok od nárandže | zumo (m) de naranja |
| сок (м) од парадајза | sok od parádajza | jugo (m) de tomate |
| сом (м) | som | siluro (m) |
| сос (м) | sos | salsa (f) |
| сочиво (с) | sóčivo | lenteja (f) |
| спанаћ (м) | spánać | espinaca (f) |
| сув | suv | seco (adj) |
| суво грожђе (с) | súvo gróžđe | pasas (f pl) |
| сунцокретово уље (с) | súncokretovo úlje | aceite (m) de girasol |
| супа (ж) | súpa | sopa (f) |
| супена кашика (ж) | súpena kášika | cuchara (f) de sopa |
| сусам (м) | súsam | sésamo (m) |
| тамно пиво (с) | támno pívo | cerveza (f) negra |
| тањир (м) | tánjir | plato (m) |
| тацна (ж) | tácna | platillo (m) |
| телетина (ж) | téletina | carne (f) de ternera |
| тиква (ж) | tíkva | calabaza (f) |
| тиквица (ж) | tíkvica | calabacín (m) |
| торта (ж) | tórta | tarta (f) |
| трешња (ж) | tréšnja | cereza (f) |
| туњевина (ж) | túnjevina | atún (m) |
| ћуретина (ж) | ćurétina | pava (f) |
| угљени хидрати (мн) | úgljeni hidráti | carbohidratos (m pl) |
| укус (м) | úkus | sabor (m) |
| укус (м) | úkus | regusto (m) |
| укусан | úkusan | sabroso (adj) |
| урма (ж) | úrma | dátil (m) |
| хамбургер (м) | hámburger | hamburguesa (f) |
| харинга (ж) | háringa | arenque (m) |
| хељда (ж) | héljda | alforfón (m) |
| хладан | hládan | frío (adj) |
| хлеб (м) | hleb | pan (m) |
| храна (ж) | hrána | comida (f) |
| цвекла (ж) | cvékla | remolacha (f) |
| целер (м) | céler | apio (m) |
| цимет (м) | címet | canela (f) |
| црвена рибизла (ж) | crvéna ríbizla | grosella (f) roja |
| црвени бибер (м) | cŕveni bíber | pimienta (f) roja |
| црна кафа (ж) | cŕna káfa | café (m) solo |
| црна рибизла (ж) | cŕna ríbizla | grosella (f) negra |
| црни бибер (м) | cŕni bíber | pimienta (f) negra |
| црни лук (м) | cŕni luk | cebolla (f) |
| црни чај (м) | cŕni čaj | té (m) negro |
| црно вино (с) | cŕno víno | vino (m) tinto |

| чај (м) | čaj | té (m) |
|---|---|---|
| чачкалица (ж) | čáčkalica | mondadientes (m) |
| чаша (ж) | čáša | vaso (m) |
| чаша (ж) за вино | čáša za víno | copa (f) de vino |
| чоколада (ж) | čokoláda | chocolate (m) |
| чоколадни | čókoladni | de chocolate (adj) |
| џем (м), мармелада (ж) | džem, marmeláda | confitura (f) |
| џигерица (ж) | džígerica | hígado (m) |
| џин (м) | džin | ginebra (f) |
| шампањац (м) | šampánjac | champaña (f) |
| шаран (м) | šáran | carpa (f) |
| шаргарепа (ж) | šargarépa | zanahoria (f) |
| шафран (м) | šáfran | azafrán (m) |
| шећер (м) | šéćer | azúcar (m) |
| шкамп (м) | škamp | camarón (m) |
| шљива (ж) | šljíva | ciruela (f) |
| шоља (ж) | šólja | taza (f) |
| шпагете (мн) | špagéte | espagueti (m) |
| шпаргла (ж) | špárgla | espárrago (m) |
| штука (ж) | štúka | lucio (m) |
| шумска јагода (ж) | šúmska jágoda | fresa (f) silvestre |
| шунка (ж) | šúnka | jamón (m) |
| шунка (ж) | šúnka | jamón (m) fresco |